第30辑

府谷文史

FUGUWENSHI

政协陕西省府谷县委员会 编

中国文史出版社

图书在版编目（ＣＩＰ）数据

府谷文史．第三十辑 ／ 政协陕西省府谷县委员会编 ；董金海主编．－－ 北京 ：中国文史出版社，2020.12

ISBN 978-7-5205-2815-3

Ⅰ．①府… Ⅱ．①政… ②董… Ⅲ．①文史资料－府谷县 Ⅳ．①K294.14

中国版本图书馆CIP数据核字(2020)第250773号

责任编辑：李晓薇

出版发行：**中国文史出版社**

社　　址：北京市海淀区西八里庄路69号　　邮编：100142

电　　话：电话：010-81136606　　81136602　81136603（发行部）

传　　真：010-81136655

印　　装：西安天马印刷有限公司

经　　销：全国新华书店

开　　本：16

印　　张：19.75

字　　数：198千字

版　　次：2021年1月北京第1 版

印　　次：2021年1月第1次印刷

定　　价：98.00元

目 录

人物春秋

谷史府文

赵镈早期革命活动实录

罗东进　赵继烈

少年时代　壹

　　赵镈，1906年出生于陕西省府谷县赵寨村一个农民家庭。其父赵奇销育有二子一女，赵镈为次子，原名赵宋杰。

　　贫寒的家庭，造就了赵镈从小就勇于吃苦耐劳、敢于担当的优秀品质。他每周步行二十几公里从家里往返于就读的府谷县小学。家乡的人和同学们评价赵镈：从小就聪颖好学、志向远大，学习成绩一直非常优异，加之乐于助人，平时抢着干学校的脏活累活，同学和老师都很喜欢他，在师生中有很强的号召力。

投身革命　贰

　　1919年的五四运动对赵镈革命人生观的形成，起了极大的作用，升华了他的思想，使他融入了革命的洪流之中。

　　大革命开始，赵镈考入山西汾阳一所教会学校——铭义中学(汾阳第一中学)读书，当时还有一所河汾中学。

抗日战争时期的山西铭义中学

　　无论是铭义中学还是河汾中学，其发展命运是和革命运动联系在一起的。当时，学生积极参加民族救亡运动，通过各种形式支持和参加解放运动。两所学校均有学生参加五四运动的记载，大量的学生投身革命参加了抗日救亡运动，甚至献出了宝贵的生命。吕梁地区第一个中共小组就是在铭义中学成立的，贺昌、张叔平、萧三等中国共产党的早期负责人都在此负责和指导过党团工作。冯玉祥将军的秘书余心清(新中国成立后任中央人民政府政务院办公厅副主任、国家首任典礼局局长)于1930年至1933年主政铭义中学。中国驻丹麦首任大使王森、太原党团组织创始人侯士敏等早期革命者，均在此期间就读于河汾中学或铭义中学，并参加过党团组织，为中国人民的解放事业做出了贡献。

　　贺昌、萧三、张叔平等以铭义中学为立足地，以教书为掩护，组织、发动广大师生传播马列主义和中国共产党的主张。赵铸的爱国主义、大无畏气概的言行，引起了贺昌等人的重视。

赵镈在贺昌等早期共产党人的教育、帮助下,在中国共产党领导的工农运动和革命思潮的影响下,投入了轰轰烈烈的学生运动,积极参加宣传活动,从事反封建军阀的革命斗争,阶级觉悟不断提高,于1926年初加入了中国共产党。

府谷县小学校长极力阻挠和破坏学校师生们的革命活动。在当地党组织的领导下,部分老师和学生们开始酝酿驱赶这个校长。正在这个时候,赵镈从外地回到家乡,并来到自己的母校,见到高克亭等许多同学。他讲了各地的革命形势,高克亭也向他介绍了校内的斗争情况。他帮助师生们出主意想办法,共同揭发校长治校无方、误人子弟、贪污腐化等罪行,开展广泛的宣传、罢课和请愿活动。在广大师生的坚决斗争和社会舆论压力下,终于赶走了这个反动校长,斗争取得了胜利。

1926年,春节刚过,党组织派赵镈去黄埔军校学习。

临行前,家徒四壁,父母衣不挡寒,穷困的家庭拿不出更多的盘缠。赵镈扛着一袋子窝窝头告别父老乡亲,奔上了赶赴黄埔军校的路。同窗好友高克亭把他送到黄河岸边,一路畅谈革命的未来,依依惜别。

黄埔军校时期的赵镈

　　为节省路费，赵镈背着干粮和简单的行囊，风餐露宿，步行五百多里到达太原，乘火车赶到北平，所带路费已不足两顿饭钱。北平距广州的路还很长，黄埔开学日期又逼近，在这举目无亲的北平，该怎么办呢？如何筹齐到广州的路费？那时的北平连个做力气活的差使都很难找到，他观察了两天，帮着黄包车出租公司的老板打扫了几天卫生，感动了这位老板，出租给他一辆黄包车。有了黄包车，赵镈心里很高兴。他不分昼夜地接送客人，鞋跑坏了就赤着脚，几乎跑遍了北平的大街小巷。有一次，他接一位富家大小姐，这位大小姐看到这位衣衫褴褛却又热情大方、英气机灵的青年，很是同情，给了他三块大洋。赵镈就这样日夜在北平奋力奔走，直到挣够了路费，才于1926年5月到达广州，进入黄埔军校，成为该校第六期的学员。

黄埔岁月

叁

赵镈历尽艰辛来到黄埔军校后，即刻向入伍学生部负责人恽代英报到，并被安排到二团一营一连学习。经恽代英介绍，认识了周仲英、陶铸，并接替周仲英任该连中共党支部书记，周仲英、陶铸分别任连党支部宣传委员、组织委员。一连共有三四名中共党员，都是受中共中央的派遣，进入军校学习的。

第六期是黄埔军校在广州办的最后一期，也是斗争最复杂、最激烈的一期。当时，军校内派系很多，孙文主义学会派(特务组织)、国家主义派、无政府主义派等，都在培植自己的势力，抓军权。

黄埔军校学员出操

赵镈在黄埔军校期间,除了认真学习规定的课程外,还积极参加当时校内已很尖锐复杂的政治斗争。一方面积极物色、团结进步分子,秘密发展了一些党员,壮大革命力量;另一方面他以共产党人的坚定立场,勇敢地向反动势力作斗争。当时校内经常举行各种演讲会,各派政治力量纷纷登台演讲。在一次演讲会上,有个国民党右派分子大讲联俄、联共、扶助农工的三大政策不是国民党的,而是共产党的,疯狂反对中国共产党和孙中山的进步主张,赵镈当即起立发言,系统地讲述了孙中山的新三民主义和三大政策,驳斥了那个家伙的反动观点,使其当众出丑,受到共产党员和左派群众的称赞。

随着北伐战争的胜利推进,斗争日趋尖锐。1927年春,国民党当局狂妄地叫嚣"三大政策不适合中国的国情""什么联共,完全是溶共"。不久,宁汉分流,斗争到了白热化的程度。军校二团一位姓李的反动团长,公开叫嚷谁反对国民党就逮捕谁。一次,他们通知各连派代表到营里参加辩论会,借机镇压革命学生。赵镈随即召开党支部会研究对策,决定由赵镈带队参加会议,并安排一位同志发言,以揭露敌人的阴谋。为确保安全,决定派部分学员在会场外围监视警备连的行动。会场气氛异常紧张。辩论会开始前,赵镈提出连代表先发言。辩论开始了,一连的代表义正词严地揭露了国民党破坏"三大政策"的罪恶行径,受到了场内外学员的支持。对方一看形势不妙,指使警备连干涉。场外学员和群众一起阻止,一连代表趁机回到了群众中间,敌人的阴谋破产。

黄埔军校（旧址）大门

1927年"四一二"反革命政变前三天，军校的中共特别支部召开了一次扩大会议，陶铸列席了会议。会上决定：去武汉控诉蒋介石的反革命行为，代表由军校中共特别支部负责人和学生代表共20多人组成，五期学生代表有共产党员陶铸、陈葆华、高仰之，六期学生有赵鏄、周仲英等共产党员。时间紧迫，会后就当即分头准备秘密离开黄埔。

当时广州卫戍司令钱大钧，已奉李济深之命，派部队进驻黄埔宣布戒严，广州街头岗哨林立，出入十分困难。

陶铸事先和军校俱乐部的工友老韩取得联系，以俱乐部外出办事名义，秘密离开黄埔，赵铸利用政治部发出的外出证（政治部主任是共产党员熊雄），躲过岗哨的盘问，离开了黄埔，到达广州。

在中共广东省委的帮助下，赵铸换上便衣，搭乘外轮经上海前往武汉。

1927年4月15日，"广州事变"发生，广州的国民党开始屠杀共产党人和革命群众。优秀共产党员萧楚女、熊雄、邓培等同志壮烈牺牲，黄埔军校一片白色恐怖。赵铸根据党组织的指示已机智脱险，只身来到中共中央所在地——武汉，又投入了新的战斗。

赵铸到达武汉不久，被中共中央安排到北平地下党组织工作。他迅即赶赴北平。1927年6月，担任中共北平市委军委（兵委）书记，协助市委负责同志工作。他深入机关、学校、工厂，秘密开展工作，在学生、工人群众中秘密发展了大批地下武装。而这一时期的北平正处在一片白色恐怖之中。从1927年4月到1929年6月，北平市委遭到九次破坏，大批共产党员、共青团员和进步群众惨遭杀害。包括李大钊、中共北方局书记王荷波、中共北平市委书记王尽臣、中共北平临时市委书记马骏等数十人先后被捕牺牲。

在北平的日子里

在如此艰难困苦、险恶残酷的环境中，赵镈凭借其机警、智慧，一次次摆脱敌人的围追堵截和暗杀，成功地完成了组织交给的各项工作。同时，赵镈等同志积极向上级客观反映北平的工作情况，引起中央及秘密战线领导同志的高度重视。

为解决北平地下工作之难题，摆脱困境，开辟新的工作局面，刘少奇同志亲赴北平巡视党的工作，经调查研究，写出了巡视北平的工作报告，并递交中央。同时，刘少奇直接指导中共北平市委根据党的六大决议和顺直省委扩大会议精神，制定了工作方针，确定了北平党组织的策略、任务和方针。

在此基础上，刘少奇根据各方意见和亲身考察，组建恢复了北平市委领导班子，其成员有六位同志：张学静（张友清）、赵镈、雷迅之、董仲符、刘维三、张一林，并任命张学静为市委书记，赵镈为军委书记。

市委之下不设区委，直接领导邮政、电灯电车、印刷、人力车夫、北京大学、农业大学、师范大学、工业大学、民国大学、朝阳大学及北平附近通州等处5个党支部，南口、康庄、沙河、门头沟、长辛店等地也设有党组织，全市共有党员120人。

中共北平市委旧址

1928年初，周仲英来到北平，和赵鏄取得联系，并被任命为市军委委员。同年冬，陶铸也来到北平。赵鏄安排周仲英和陶铸谈了话，周向陶介绍了我党在莫斯科召开第六次代表大会的情况，特别是大会总结的过去斗争的经验教训，以及今后中国革命的总任务等，陶铸听了很受鼓舞。随后，赵鏄请示顺直省委，安排陶铸去唐山做兵运工作。1929年8月间， 陶铸奉中共中央指示去上海工作。不久，赵鏄又安排周仲英负责中央和顺直省委之间的秘密联络。

狱中斗争 伍

1929年6月3日,赵镈在北平首次被捕。敌人对他软硬兼施、威逼利诱,终未使他屈服。1930年10月,经组织营救出狱。

赵镈被北平警务司令部关押,以及党组织营救的情况,时任中共北平市委职工部长黎玉在《回忆录》中这样写道:

1930年夏,我们游行经过一个国民党区分部(或叫区联办公处,设土地祠中),我们把它的牌子砸碎了,高呼一阵口号后,又向前走。刚走不远,就遭到了预先埋伏在胡同里的数百名武装、便衣警察的突然袭击,顿时队伍大乱,混战一场后便各自东奔西跑。我打倒一个警察后,就往和平门方向跑,结果被3个警察前后堵住被捕了。当时参加游行的许多党、团员及反帝大同盟的干部和盟员都没能冲破警察的包围圈,一个一个都被抓起来,押到了北平市公安局,简单过堂后,在两三天内陆续送到了阎锡山驻北平的警备司令部,曹策、张友清、赵镈、向慈和一些过去被捕的同志也都关在那里。

这次参加示威游行的洋车夫是因为有洋车作掩护,又是在队伍后面,均未遭逮捕。我被捕后敌人搜不到我的证据,在军事法庭上我什么也不承认,一口咬定是找朋友路过此地被误抓的。因为阎锡山的军政机关我们山西老乡多。我的"九穷"朋友们便去找警备司令部的同乡活动,结果比别人早十几天就把我保出来了。

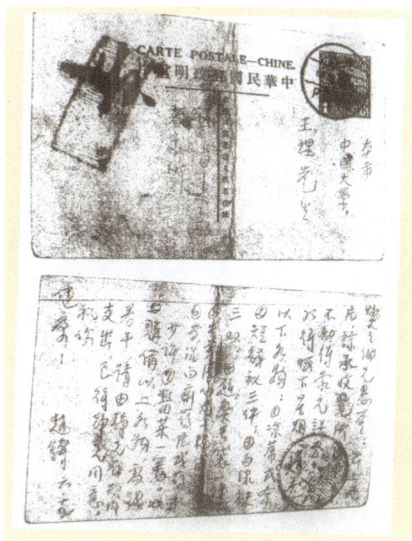

赵镈在监狱中写信给同乡，叫其寄送
生活用品到监狱中。

我出狱后，听老乡、朋友们说，阎锡山因为蒋介石与张学良联合，攻占北平对他不利，要早日退出平、津。我得到这个消息后，感到非常重要，立即找到了市委书记任国祯同志，向他报告了这个情况，并建议市委抓住这个机会，通知各校、各单位赶快营救被捕同志。因为阎锡山要撤走，正处于混乱时期，趁这个时候，学校出面到警备司令部军法处刑警那里作个保，有时候需要给他一两块钱，就能保出来。市委马上发了紧急通知，要各单位去保人。经我活动保出来的有向慈同志、张树槐同志和白坚同志。到同年10月间，不仅这次被捕的同志陆续都出狱了，而且连过去被捕的同志如张友清、赵镈等同志也趁机获得了自由。

赵镈出狱后，继续领导北平地下武装斗争。

1931年6月25日,赵镈被叛徒出卖,在北平再次被捕入狱,关押在东北宪兵司令部。在连续45天的审讯中,敌人施行了种种手段,他始终坚贞不屈。后来转到陆海空军副司令行营军法处,又经多次审讯,两月后判刑,关进"北平军人反省分院"。

"反省分院"在北平草岚子胡同,院内设南监北监,每监有东西两排,每排有十间牢房,按顺序编为十个"号筒",每个号筒只有一个窗子,两个号筒的隔壁上有个小孔,合用一个电灯,两排号筒中间是走廊。住在各号筒的"犯人",除集体用餐和三次短时间"放风"外,平时各号筒牢门紧锁,大小便也在房内。敌人对政治犯施行长期精神折磨和肉体摧残,妄图迫使他们自首叛变。

为了粉碎敌人的阴谋,被关押的共产党员在监内成立了秘密党支部,同敌人进行针锋相对地斗争。赵镈(监内名赵朴)曾任支部组织干事,他被关在南监东排一号筒,靠过道有个窗口,牢方人员从东边楼上下来,或看守查监,他可以首先看到。支部宣传干事杨献珍在病号监"照顾"病号,来回打水、倒马桶经过这里,便于和他联系。薄一波、刘澜涛等支部负责人关在二号、三号筒,联系也方便。赵镈实际上是狱中党支部组织联系的中枢。他不大引人注意,却机警健谈,和牢方人员混得很熟,常利用他们进行工作。

在狱中党支部的领导下,有个学习委员会,赵镈是委员之一。他们通过被争取过来的看守,可以从监外带进党的文件,购进马列著作和各种报刊。英文由杨献珍翻译，俄文由殷鉴翻译。开始他们把厚书拆开，分夹在《红楼梦》等书里，利用壁孔传阅，后被敌人发觉，便不伪装，有人借窗口放哨，看守来了就用举拳或敲墙示意收藏；看守走了以后，又用伸掌或敲墙表示解除。赵铸除自己认真读书，还积极参加细致的组织领导工作，把监狱变成"马列主义党校"。加上严格的组织生活，大家始终保持清醒的头脑，一直坚持斗争。

敌人不断开展政治攻势，他们打着中国传统和宗教的旗号，鼓吹他们的谬论，妄图从思想上征服这批共产党员。每逢这时，赵铸总是站在前列进行反攻，而且很能掌握政策和斗争艺术。敌人还要每人每周写一篇学习感想文章，诱骗大家上当，赵铸和其他同志坚持不写，并说政治犯不能强迫写文章。1933年后，国民党配合对"苏区"第四次"围剿"，派何应钦任北平行营主任，带来宪兵三团，插手监狱，改变了对政治犯的审查方式，规定半年审查一次，尤其是1934年春的第三次大审查，是在敌人开始第五次"围剿"，中央红军退出"苏区"后，国民党北平军分会行营政训处军统插手对政治犯的审查。狱中党支部对斗争形势作了充分估计，决定和敌人进行针锋相对的斗争。教育和激励全体难友坚定地站稳革命立场，保持坚贞的革命气节，坚决粉碎敌人的造谣污蔑、威胁利诱的阴谋。各个号子还进行了反审查的演习练兵，做好充分的斗争准备。

面对审查,赵镈同军统特务进行了坚决的斗争。在审讯中,敌"法官"问:"你不知道吧?告诉你一个坏消息,国军百万大军'围剿',你们的苏区不存在了,红军被消灭了,你还有什么指望?再待在反省院里守节受罪,还有什么意义?"

赵镈坚定地回答:"红军是北上抗日了。中国人誓死不当亡国奴!中国人民要抗日,抗日的人民和军队是消灭不了的!国民党百万大军只打内战,不抵抗日寇的侵略,祸国殃民,还有什么可以夸耀的!"

"政府要抗日,共产党捣乱后方,破坏抗日,必须'先安内,后攘外'。"

"你们对外屈膝投降,对内镇压屠杀。共产党、红军要抗日,你们就'围剿'堵截;爱国青年要抗日,你们却要逮捕枪杀。真正捣乱后方,破坏抗日的不是我们,正是你们!"

"胡说!你顽固不反省,要知道你的后果!"

"为了中华民族的解放,我早就做好了流血牺牲的准备,怕死就不当共产党员!"

赵镈锋利的回击,沉重打击了敌人的嚣张气焰,表现了共产党人顶天立地、宁死不屈的英雄气概!

监狱方奉命规定：不管刑期长短，只要在其预先拟好的《反共启事》上按个手印，即可释放；三次审查仍不悔改，就加刑或枪毙。以此软硬兼施，威逼共产党员就范。针对这种情况，狱中党支部及时提出："慷慨赴死，从容就义。"动员党员坚持斗争，并研究了应付"审查"的办法。赵镈在每次"审查"时都表示：要杀就杀，我没有错，谁抗日救国我拥护谁；那些不抗日，把东三省送给日本人的人才有错，应当悔过的是他们。经过赵镈和狱中难友的顽强斗争，敌人的三次审查都以失败告终。

在狱中党支部领导下，还建立了生活委员会(亦叫生活"公社")，赵镈是主要负责人。委员会把难友按牢房编组，任务是领导反剥削、反虐待，开展要求延长放风时间、改善生活等斗争。譬如生活费规定每人每月三元八角，实际只能吃两元，将近一半被克扣；有时饭里掺沙子、菜里浇明油等。发现这些情况，他们就在吃饭时当场提出，叫牢方答复，赵镈有时先发言，有时在中间或最后收场时发言，每次都积极领导，坚持斗争。赵镈还负责按"公社"原则，统筹管理经济，当时狱中有一百多人，监外援助的钱或物都交给他。这些钱，无论是寄给谁的，除了对本人适当照顾外，其余都根据个人的实际情况，精心计划分配，即使几个烧饼，也切成小块儿分给大家。这样，就使无监外经济来源和体弱、生病的难友，在衣服、用品、营养、药物等方面都得到适当照顾；还有利于培养团结互助精神，保证健康，坚持长期斗争。

监狱斗争的形式多种多样。当时敌人对政治犯百般摧残，脚镣重的达八斤，轻的也有三斤，最难熬的是冬天，煤炭被克扣，牢内阴冷潮湿，百分之九十的人患关节炎，患其他疾病的也很多。1934年12月，党支部研究开展绝食斗争。赵镈在重病的情况下，也毅然参加。19日早晨宣布绝食，各牢房选出代表，赵镈带病做代表，由人架着去谈判，向敌方提出了六项条件，敌人不答复。第三天，敌人在院内架上机枪，强迫复食，结果无效，只好同意病号去脚镣、体弱的换小镣、看书报自由、每号筒增加两个火炉、改善伙食、延长放风时间、各监房可以走动等项条件，斗争取得重大胜利。25日晚(绝食第七天)宣布复食前，赵镈说话已很困难，但他以共产党人的顽强意志，与难友一起坚持到最后胜利。

1935年，狱中支部书记薄一波以为支部领导大部分被判"死刑"，随时都有牺牲的可能，为不影响支部工作，决定改选支部，由此赵镈担任了支部书记，直到出狱。

1936年春，何应钦撤离北平，全国掀起抗日救国高潮。党支部决定要当局无条件释放政治犯出去抗日，并派出代表交涉。牢方答复是："登报是制度，不登不行。"经党组织决定，不写"反共"字眼，只写某某启事，出去抗日或教书或务农,由杨献珍起个草稿，报到军法处。第二天，敌人忽然把张永朴(即薄一波)叫去，换上他们改写的带有"反共"二字的启事，叫张按手印。张坚决拒绝："你们要我按这个反共的手印永远办不到，你们的把戏骗不了真正革命的人。"他的声音很大，有意让大家听到，敌人见他不屈从，便把他叫到一旁关押，又造了一张张永朴已按过手印的假启事，叫别人跟着按手印。赵镈知是骗局，坚决不按，其他同志也不约而同地拒绝按，敌人的阴谋又一次完全失败了。

1936年秋，全国抗日救亡运动进一步发展，新的革命高潮就要到来,党急需大批干部。为适应形势发展需要，党中央做出决定，营救这批长期保存下来的骨干及早出狱。1936年8月，中共中央代表胡服(刘少奇)安排孔祥祯给狱中的殷鉴写信，可简化手续出狱，出来为党工作。据此，赵镈负责先后安排难友们分批出狱，一共分了九批，8月第一批出狱。9月底，赵镈和刘昭、胡锡奎、唐方雷、朱则民等15名党员则是最后一批出来的。出狱后，他以认真负责的态度，把所有出狱人员的情况向中共中央北方局详细作了汇报，表现了对党无限忠诚和高度负责精神。

赵继烈，1941年5月出生，陕西省府谷县清水赵寨人，八一电影制片厂故事片导演，抗战时期鲁南区党委书记兼军区政委赵镈烈士之子。

耿耿丹心 铮铮铁骨

高克亭　刘勇

赵镈

　　赵镈同志是原鲁南区党委书记，我们的老领导、老战友，1941年10月27日，在国民党反动派制造的"银厂惨案"中被捕，11月13日英勇就义。他虽然已经离开我们41年了，但他的英姿风采、音容笑貌仍时时萦回在我的脑际，他的不朽功绩仍深深地铭记在人民心中，他的共产党人的崇高品德永远教育和鼓舞着我们前进。

赵镈同志是陕西省府谷县人,1906年出生于农民家庭。他在中学读书时期,就积极投身共产党,曾受党的派遣到黄埔军校学习。1927年大革命失败后,他遵照党的指示,在北平、天津一带从事地下工作,其间曾两次被捕,坐牢七年。1936年经组织营救出狱后,先后在冀东、津南、鲁西等地区担负党的领导职务。1940年3月,调任鲁南区党委书记兼鲁南区政治委员,直至壮烈牺牲。

赵镈同志是在拯救中华民族危亡的抗日斗争中,被消极抗日、积极反共的国民党反动派残酷杀害的。每想及此,我就思绪万千,缅怀悼念之情油然而生。深感应该很好地学习赵镈同志的崇高品德,以他的献身精神激励自己,全心全意地搞好四化建设,以完成革命先烈的未竟事业,慰烈士英灵于九泉之下。

耿耿丹心党性纯　壹

赵镈同志对党和党的事业无限忠诚,把党的利益看得高于一切,以党的利益为第一生命,个人利益服从党的利益,表现了共产党人高度纯洁的无产阶级党性。

纪念碑

赵鏄同志始终把服从党的需要看成自己的天职，党需要他到哪里工作就到哪里工作，倾注自己的全部心血，在那里生根、开花、结果。他调鲁南工作时，正值日军侵入我国腹地，蒋介石接连掀起第一、第二次反共高潮的严峻关头。当时，鲁南根据地新开辟不久，外受日伪的重重包围，内有国民党反动军队和土匪的破坏捣乱，情况极其复杂艰苦。而赵鏄同志却知难而进，他拖着在敌人监狱中被长期折磨的病体，冲破敌人的层层封锁，历尽艰难险阻，长途跋涉到这里，立即投入工作和斗争。他坚决贯彻执行毛泽东同志为我党制定的关于建立抗日民主根据地的各项指示，与罗荣桓同志领导的我八路军一一五师紧密配合，依靠鲁南地区的党组织和人民群众，在一年多的时间里，战胜重重困难，整顿和发展了党的组织，建立了地区党的领导机构，统一了各地的抗日群众组织，成立了鲁南各界人民抗日救国会，建立了地方武装领导机构，壮大了抗日武装队伍。还按照"三三制"原则，建立了专区、县等各级抗日民主政权，从而使鲁南根据地得到了巩固、发展，为尔后斗争的胜利和鲁南的完全解放奠定了可靠的基础。

赵镈同志高度的党性还突出表现在他具有坚定的无产阶级立场，为了捍卫党的利益，勇于向邪恶势力斗争。他在一封信中说过："共产党员在任何情况下，都要站稳无产阶级立场，为党争光，这才是好同志；立场动摇，贪生怕死的人，根本不配共产党员的称号。"他在黄埔军校学习期间，学员情况极为复杂，国民党"孙文主义学会"(后为CC派)和"政学系"等各派政治力量疯狂进行反革命活动，制造反动舆论，反对孙中山先生提倡的联俄、联共、扶助农工的三大政策，反对共产党，破坏国共合作，气焰十分嚣张。当时共产党员的身份是秘密的，赵镈同志曾任连党支部书记。面对反动派的猖狂挑衅，他坚定顽强，毫不畏惧，在校部、团部党组织领导下，积极组织共产党员和进步学员坚持针锋相对的斗争。在一次群众集会上，有一个反动家伙神气活现地叫嚷"共产主义不适合中国国情"，并公开造谣污蔑，攻击共产党。赵镈同志怒不可遏，挺身而出，当即予以迎头痛击，表现了共产党人的英雄气概和鲜明的无产阶级立场。他两次坐牢，始终志坚如钢，经受了严峻考验。

　　坚持党的原则，忠于党的路线和政策，维护党的团结，这是赵镈同志高度的无产阶级党性的又一表现。他不仅自己很好地团结党委"一班人"一道工作，还教育大家团结一致，不断壮大革命力量，为了一个共同的目标前进。他常说："革命不能靠一个人，也不能靠少数人，团结的人越多越好。"他总是按照党的原则，正确处理各种关系，特别是地方党、政和主力部队的关系。他说："主力部队是人民的子弟兵，是为人民的解放而战斗的，我们一定要像爱护自己的眼睛一样爱护他们。"一一五师驻鲁南期间，赵镈同志经常向罗荣桓同志汇报情况，请示工作，关系十分融洽。赵镈同志坚持实事求是的原则，坚决同一切违背党的原则、政策及违背党的团结的现象做斗争。1939年他在鲁西工作期间，有的负责人在审干、肃托中，违背党的组织原则，不作调查研究，未经党委同意，任意抓人，并施以刑讯逼供，使一些党的干部横遭不白之冤。对此，赵镈同志进行了坚决抵制。1940年12月，党中央关于政策问题的指示下达后，他立即组织各级干部认真学习，并召开区党委扩大会议，逐条对照检查，发现问题，马上解决。当一些地方出现了违反党的政策的严重情况时，他严肃指出："斗争越是尖锐复杂，越要注意党的政策。用感情代替政策势必把事情办坏。"他还和罗荣桓同志一起，到问题比较严重的地区，认真作了检查和妥善处理，从而稳定了秩序，巩固和扩大了抗日民主根据地。

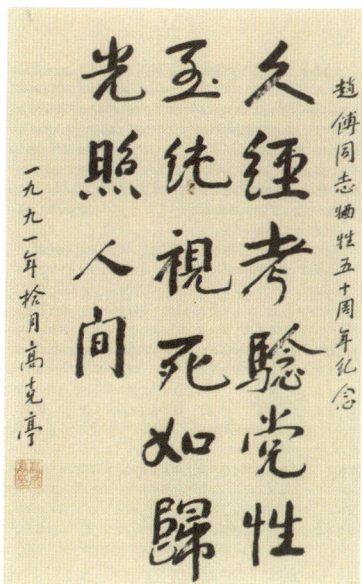

高克亭题词

高克亭

赵镈同志高度的无产阶级党性也表现在他一贯忠于马克思主义，努力把马克思主义的普遍原理与中国革命的具体实践结合起来，善于用马克思主义的立场、观点和方法解决实际问题。他常说："马克思主义是我们党的理论基础，共产党员离开了它的指导，就等于失去了灵魂。"不论在血腥的牢房内，还是在艰苦的战争环境中，他都努力学习，刻苦钻研。在狱中，他是党支部委员，也是学习委员会的委员，他和同志们一起，想方设法，通过看守从狱外带进马列著作和党的文件，然后拆成散页，夹在《红楼梦》等书籍里传阅。敌人派人到狱中讲"四书""五经"，诱惑政治犯"改邪归正"，他们就针锋相对地组织难友学习马列著作，鼓舞同志们坚持斗争，敌人派教徒讲"上帝创造世界"，他们就组织大家学习辩证唯物论和历史唯物论，研究抗日救国的道理。就这样，他们把敌人的监狱变成了学习和宣传马列主义的课堂，粉碎了敌人的政治进攻，使同志们始终保持清醒的头脑和坚定的政治方向。他在鲁南积极提议和创办了区党委机关刊物《先进》，并亲自撰写发刊词。当时，中共山东分局书记朱瑞同志还特地请他给党校师生作了《反对事务主义》的报告。他在报告中，深入浅出地阐述了学习革命理论的重要性，分析了事务主义的危害，使党校师生受到深刻的教育。他曾对当时一位不大注意学习的同志语重心长地说："共产党员应该做学习的模范。忽视理论学习，就会目光短浅，迷失方向，犯经验主义错误，那会害死人的。"说着，他娴熟而准确地背诵了斯大林同志的一段话："工作人员的政治水平和马克思列宁主义觉悟程度愈低，就愈可能在工作中遭受挫折和失败，就愈可能使工作人员本身庸俗化和堕落成为鼠目寸光的事务主义者，就愈可能使他们蜕化变质。"这位同志深受感动，至今记忆犹新。赵镈同志在困难复杂的环境中，始终保持坚定的无产阶级立场和旺盛的革命热情，是与他孜孜不倦地学习和努力改造世界观分不开的。

鞠躬尽瘁为人民　贰

全心全意为人民服务，是我党我军的唯一宗旨，也是我们党区别于其他阶级政党的根本标志，赵镈同志忠实地践行了这一宗旨。

赵镈同志有高度的群众观念，始终和群众保持密切的联系。他常说："干群关系、军民关系好比鱼水关系。鱼离开水不能活，我们离开群众就寸步难行。"当时，有些刚参加革命的知识分子出身的干部，嫌农民脏，不愿到农民家里去，赵镈同志就耐心地教育启发说："农民生活苦，卫生条件差，是不合理的社会制度造成的，革命的目的就是要改变这种状况。"还指出："人家本来和你有距离，你再嫌他脏，不是更疏远了吗？这怎么能发动和组织群众呢？"这些同志听了很受教育，逐步转变了思想观点和感情，与群众打成一片。赵镈同志每到一个地方，都深入群众，亲自做驻村工作，深受群众的拥护和爱戴。

　　赵镈同志时刻把群众的疾苦和利益放在心上。1941年鲁南春荒，群众生活极端困难，靠糠菜充饥，在这种情况下，他带领机关干部帮助驻村群众拉犁春耕。当时鉴于根据地财政困难，有关部门曾组织向敌占区出售耕牛，赵镈同志发现后，立即进行批评和制止，他极为严肃地说："出卖耕牛势必削弱生产力，不仅使群众受害，我们的军队和根据地也必将由于削弱了物质基础而难以支持，这是饮鸩止渴，慢性自杀！"他经常教育干部要廉洁奉公，与群众同甘共苦，一旦发现危害人民利益的犯罪行为，不管是什么人，功劳有多大，他都坚决按照党和政府的法纪处置。有个县长贪污腐化、道德败坏，在群众中影响很坏，经查实后，立即撤销其一切职务，开除党籍。他还指示鲁南专署专门召开行署、县、区三级干部会议，点名批评了一些挥霍浪费、侵犯群众利益的人和事，并约法三章，严禁贪污和浪费。

　　赵镈同志全心全意为人民服务的高贵品质，还表现在他关心和爱护革命队伍的每个同志，关心别人比关心自己为重。区党委一位同志通过敌占区时被捕，他立即通过"内线关系"，了解情况，设法营救。两个月后，这个同志逃了回来，赵镈同志亲自筹办好吃的东西，使其保养身体，恢复健康，并主持研究，给他恢复了组织生活。赵镈同志关心爱护同志的事例，真是不胜枚举，每个同他一起工作过的同志，都留下深刻的印象，至今难以忘怀。

1988年修整赵镈烈士墓时，薄一波、刘澜涛、王任重等同志为墓碑题词

　　赵镈同志身为党的高级干部，从不居功自傲，从不搞特殊化。他总是置身于群众之中，同群众同呼吸共命运，同甘共苦。他谦虚谨慎，平等待人，以身作则，身体力行。向上级写报告，起草讲话稿，常是亲自动手。他始终以普通党员的身份按时参加党的小组生活会，并认真向党小组汇报思想情况，虚心征求和耐心听取同志们的意见。一次，机关支部书记在会上总结工作时说："向首长请示不够……"他立即纠正说："党内都是同志，没有首长。"他艰苦朴素，平易近人，吃苦在前，享受在后。他身患肺结核病、胃病、关节炎等多种疾病，工作又劳累，同志们都很心疼，总想给他点额外照顾，但他每次都是婉言谢绝。一次，上级发给他一瓶鱼肝油丸，要他补养身体，他马上派人送给医院的伤病员同志。还有一次，部队缴获了一些小麦，悄悄留下二百斤，要炊事班照顾赵镈同志。他知道后，便派人把小麦磨成麦粉送给党校，使党校的同志过年吃了一顿面条。赵镈同志不仅自己不搞特殊，还经常教育他的爱人和在他身边工作的同志不要脱离群众，生活要俭朴，行军不要骑马，不要给组织增添麻烦。

铮铮铁骨昭日月

赵镈同志生前经常讲述国际共产主义战士台尔曼、季米特洛夫和我党革命先烈李大钊、方志敏、恽代英、赵世炎、彭湃等同志在敌人法庭、刑场上英勇斗争的事迹，教育干部在关键时刻要经得起生与死的考验，为捍卫真理和实现党的最终目的而斗争。他完全实践了自己的诺言。

他早年两次坐牢，在敌人威逼利诱、严刑拷打面前，始终坚定顽强、宁死不屈。他说："要杀要砍由他们（指敌人），要我放弃共产主义信仰，是痴心妄想！宁可把牢底坐穿，也不能丧失共产党人的革命气节！"1941年10月27日，国民党反动派对我鲁南区党委所在地银厂村进行突然袭击。赵镈同志已冲出敌人的包围，但又发现党中央的绝密文件没有带出，自己只身返回原地，销毁文件。党的机密保住了，避免了重大损失，赵镈同志却不幸被捕。

烈士墓

他面对顽敌，大义凛然，时而慷慨陈词，宣传我党团结抗日的主张；时而横眉冷对，怒斥敌人认贼作父，破坏抗日统一战线、残害共产党人的罪行，弄得敌人狼狈不堪。敌人继则施以各种酷刑，以死相威胁，他顶天立地，巍然屹立。他被关押二十多天，审讯十多次，折磨得死去活来，始终没吐露一句党的机密，表现了共产党人"威武不能屈，富贵不能淫"，宁为玉碎，不为瓦全的浩然正气。罪恶的敌人对赵镈同志的最后一线希望破灭了，便下了毒手，在一个寒冷的深夜，把早已遍体鳞伤、行动困难的赵镈同志押出村外，残忍地活埋在九女山下。

卓功盛德人共仰，高风亮节启后人。

赵镈同志英勇就义时，年仅35岁。他以自己的鲜血和生命，写下了光辉的篇章；他以对党对人民的忠贞不渝、为共产主义奋斗终生的革命实践，为我们树立了崇高的榜样。他不愧为无产阶级的坚强战士、人民的忠诚儿子。敌人只能残害他的生命，却不能扑灭他的革命精神。我们要努力学习赵镈同志的崇高品德，发扬党的光荣传统和优良作风，在党中央领导下，为加速祖国的四化建设贡献自己的智慧和力量。

1986年11月于临沂

高克亭，1911年7月1日出生于陕西省府谷县，曾用名高举。1927年开始从事革命活动，1929年7月加入中国共产党，曾任中共山东省委书记、山东省政协主席、中共山东省委顾问委员会主任。1998年3月17日因病逝世。

中共鲁南区党委给
李岩同志的一封信

1953年7月12日，由毛泽东主席为赵镈签署的革命
牺牲军人家属光荣纪念证

李岩同志：

　　十月二十七日鲁南的反共投降派头子，国民党五一军六八三团长张逆本枝，乘我反"扫荡"后疲劳休整之际，突然向我银厂区党委机关袭击，我以众寡不敌，致蒙受重大损失，当场牺牲者×××，被俘去二十个人，我赵镈同志在情况紧张时，已突出住宅,但是因忘带文件，乃以高度的忠实于党的利益的精神，不避一切返取文件，因孤身无力抵抗，未能突出不幸被俘。

区党委曾多方设法营救赵镈同志及其他被俘同志，讵意张逆本枝阴谋已久，野心难挽，在其卑劣恶浊的诱惑下，遭我赵镈同志严正打击之后，我们崇高的鲁南党的领导者，鲁南人民所爱戴的赵镈同志，竟于十一月十三日被活埋于边联县的九女山后。

赵镈同志在敌人刑审中，临难前，显示了共产党员的光荣气节与布尔什维克的坚定立场。在法庭上，他以民族正义革命真理暴露与审讯了审判者的卑鄙无耻，博得无数旁听群众的同情与钦佩；在临难前，他以敌人的刑台作讲台，争取最后五分钟为党工作。他的视死如归与革命工作精神，感动了执刑士兵，回来连呼惋惜；震动了刽子手匪徒，认为自己作下了塌天大祸，而坐卧不安。

然而，就这样，我们模范的革命战士、党的优秀干部、出色的工作者、为党增荣的共产党员、珍贵的领导者、我们亲爱的赵镈同志即这样和我们永别了（十一月十三日）。

赵镈同志的牺牲，显然在鲁南是无可比拟的损失，也是我们党及中国革命的最大损失，这损失如今是无可挽回了！我们热爱赵镈同志，我们唯有以百倍振作紧张的工作热情来继承他未完成的工作，来完成我们共同任务，来弥补我们党的损失；用我们胜利的工作，来消灭我们的阶级敌人，达到张逆本枝的伏法，来真正的纪念赵镈同志。

赵镈与夫人李岩合影

李岩同志！您是赵镈同志的爱人，我们可以想象您的悲痛，但我们的悲痛是一样的。今天是斗争的时代，我们不能停留在悲痛愤恨中。我们要学习赵镈同志光荣的模范，继承赵镈同志忠于党的传统，发扬赵镈同志的斗争经验，接受这次惨案的血的教训，在党中央与分局正确领导之下前进！

李岩同志！区党委以纪念赵镈同志的热情来慰问您，并表示最深的爱护与关怀，对于您的幼子凯英，已予以最妥善的抚养，望您好好珍重自己，安心学习！

　　此致

布礼

中共鲁南区党委
一九四一年十二月二十日

以上三篇图文均选自《赵镈画传》，由中央文献出版社出版

府谷当代革命人物柴汉生

柴峰

战争年代的柴汉生

　　柴汉生，生于1908年，又名柴浩，陕西省府谷县院家峁村人，生于农民家庭。1927年2月至1930年10月先后到陕西榆林职业中学、山西太原北方军官学校学习。学习期间目睹了军阀割据，兵连祸结，生灵涂炭的社会现实，和许多热血青年一样，开始努力寻求拯救祖国的途径。积极接触共产党员、进步人士，如饥似渴地学习马克思列宁主义，参加革命组织召开的各种集会、示威游行。通过学习和积极参与活动，认识到只有共产党才能够救中国。

投入革命 英勇奋战 壹

1931年，柴汉生找到党组织，同年3月加入了中国共产党，做党的地下交通工作，从此开始了革命生涯。是年7月中共党组织在山西平定县高桂滋的驻军中发动兵变，拉出一部分人组成红二十四军，由山西河曲渡过黄河，到神府一带开展革命武装斗争。

一次柴汉生护送该军党的负责人与当地党组织联系时，不幸被榆林井岳秀部驻府谷高景明营查获，在紧急关头，汉生挺身而出，用所带钱财买通押送兵丁，放走两位党的负责人，自己被捕。押回榆林后，汉生受到多次刑讯逼供，并几次在枪决其他"人犯"时，被一起押赴刑场陪绑威胁，但他始终没有暴露其真实身份，从未吐露一点真情，最终使敌人的阴谋没有得逞。

1934年，新任府谷县县长陈琯为笼络民心，接受地方委托，到榆林保释汉生，再加上当时白冠五等人行贿于井岳秀的参谋长马帆增进行营救，终于使柴汉生等四人得以获释。

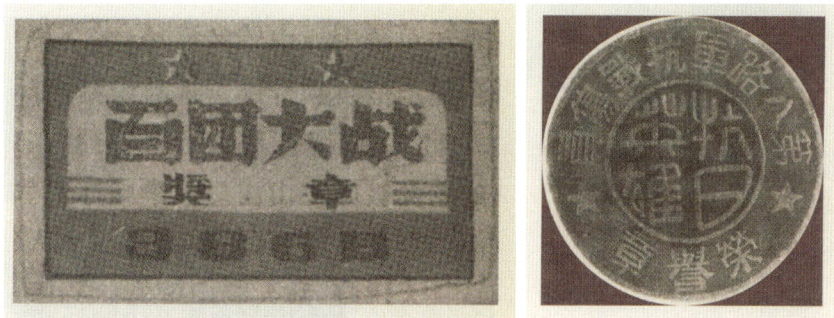

百团大战奖章和八路军总部颁发的纪念章

柴汉生返家后，为了迷惑敌人，充任了一段伪府谷县政府的税收员，在一次下乡中乘机走脱。到晋北找到党组织后，继续进行革命活动。

1934年2月，党组织派柴汉生到冀南宁晋东北军九十一师四二六团八连，以战士的身份进行党的地下工作。

解放战争时期，汉生服从组织调动，由战斗部队转为后勤保障工作，曾任西北军区供给部西北办事处处长等职。兵马未动，粮草先行，特别是在解放太原、西安等著名战役中从事保障工作，从武器弹药、粮秣衣装等各种物资，他都出色完成。

甘赴边疆　支援建设　贰

1955年，西北行政大区撤销，西北贸易公司全体干部职工被分到北京市或西北五省。当时汉生和少数同志很幸运地被分配到北京商业部工作。但汉生想到地处偏远、经济落后的新疆急需财贸干部，毅然作出决定，主动向组织提出放弃北京优越的生活条件，到寒冷艰苦的新疆去工作。不但自己身体力行，还动员了一批有志的干部和家属"自讨苦吃"，一起为了新疆的建设来到天山脚下。得知汉生要去新疆工作的消息，他的父母、亲戚们先后从陕北和山西赶来，一致劝阻汉生："你去北京工作吧，北京离老家近，交通方便，我们可以相互照应，你要是到了新疆，我们就很难见面了。"望着风烛残年的父母双亲，汉生歉疚地说："自古忠孝不能两全，过去因为闹革命，照顾不上二老，还让你们为我担惊受怕，现在解放了，本应好好地侍候二老，但我是党的人，要听从党的安排。"谁知这一别，竟成了他们之间的永诀。汉生也没有预料到，从此他再也未能与父母、弟妹等亲人见上一面。

1955年初，柴汉生一家离陕赴新疆前，与从老家来送别的柴、李两家亲友合影

其夫人李芝香自1947年10月一直与汉生在一个单位工作。李芝香工作积极，被群众评为先进工作者，但先进工作者名单报到汉生那儿后，汉生认为："这些工作都是我们应该做的，把荣誉让给别人吧。"就这样，先进工作者名单中李芝香的名字被汉生一笔划掉了。商业厅党委几次研究让李芝香担任商业厅子女学校校长、建新缝纫厂厂长等职，但都被作为党委书记的汉生一次又一次地予以否决。充分显示出汉生毫不利己、严格要求自己家人的高风亮节。

关心家乡　全力帮困 （叁）

1962年1月11日至2月7日中共中央在北京召开了扩大工作会议，人们习惯地称这次会议为"七千人大会"。这是我们党在执政后召开的一次空前规模的总结经验大会。

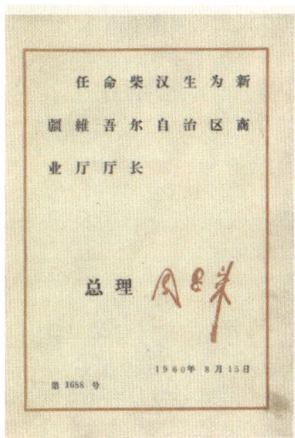

周恩来总理签署的柴汉生任命书

会议期间，柴汉生见了时任中共府谷县委书记陈智亮，了解府谷县的工农业生产发展及人民生活状况。

1962年至1963年正值府谷城乡人民群众生活极其困难时期，1962年上半年，在陕西省委、省人民委员会的统一领导和安排下，决定府谷县去新疆组织救灾物资。并抽调府谷县联社领导干部苏厚同志以陕西省的代表身份与山西、河南等省的代表，一起到新疆搞救灾物资的组织工作。苏厚同志在新疆的8个月时间里，主要通过新疆维吾尔自治区商业厅厅长柴汉生同志与当地进行联系与沟通。在柴汉生的全力协调下，苏厚先后到伊犁、吐鲁番、新原地区为府谷灾区无偿组织调拨了800多吨救灾物资（其中玉米400多吨、玉米粉200多吨、猪油200多吨）。这些救灾物资于1963年春在柴汉生的直接帮助下，新疆乌鲁木齐铁路部门安排车皮全部运到山西五寨，后由汽车运回府谷。府谷人民永远不会忘记柴汉生在非常困苦的年月里为家乡所做的贡献！

柴汉生参加革命后一直在军队中工作，担任过支队参谋长、营长、副团长、副官处长等职。1948年后转做商业工作，先后担任过青海省贸易公司经理、西北土产公司经理、西北贸易公司副经理、新疆商业厅党委书记、厅长等职。1965年经中央组织部批准被任命为新疆维吾尔自治区人民委员会财贸办副主任。

20世纪60年代，柴汉生在北京开会时留影

"文革"中，汉生经受到不公正待遇，遭受到多次非法审讯和残酷无情的批斗殴打。于1968年7月11日夜含冤离开了人世，年仅60岁。

柴汉生去世10年后，1978年10月14日中共新疆维吾尔自治区党委、政府在乌鲁木齐市文化宫举行了隆重的追悼大会，为柴汉生平反昭雪。汪锋、刘震（新疆军区司令员）等党政领导及1000余名各界群众代表参加了追悼会。

柴汉生的骨灰安放在乌鲁木齐市革命烈士陵园。

本文作于2020年6月21日

徐子鋆事略

孙振林

徐子鋆

徐子鋆(1913—1939)，府谷县城人。1927年经府谷南高党支部第二党小组组长苏子秀介绍加入中国共产党。此后，王世杰、张培梓、王宗光、王国藩、任效伊、苏文英、刘珩、刘成芬等人先后入党。随着党员的发展，南高党支部又建立了第三个党小组，组长为胡蔚。

1928年党小组建立后，为了传播革命道理，秘密开展党的地下革命活动，徐子鋆将徐氏济益源药铺（新中国成立后旧址叫人民大食堂）作为掩护，秘密建立中共府谷地下党联络站，他一边做生意，一边秘密开展党的地下工作。

那时，济益源药铺生意兴隆，山西、内蒙古、北京等地都有业务经营往来。为了与旅居外地的府谷籍进步人士联系，徐子鋆将药铺收入的一部分作为革命活动经费供地下党组织吃、住、开会使用。那时我党地下组织还通过济益源商号向周边的保德、河曲、岢岚、五寨、神池及准格尔旗等地党组织联络，积极宣传革命思想，发送传单秘密开展地下党的工作。由于药铺业务与革命活动的需要，我党曾指派徐子鋆先后负责过山西保德、河曲、岢岚、五寨、神池一带区(乡)团委工作。

1930年11月间，国民党府谷县政府扣捕了时任中共府谷县委书记景仰山，并押送回榆林。后景仰山叛变投敌，供出了府谷地下党的全部情况，中共府谷县地下党组织遭到破坏。

1935年春，国民党当局从榆林将景仰山送回府谷担任"肃反"分会主任，给国民党办理"肃反"工作。在榆林"肃反"总会的配合下，景仰山与国民党县党部书记长赵涛胁迫各联保办理"肃反"手续。在白色恐怖的"肃反"活动中，国民党府谷县党部大肆搜捕杀害我坚贞不屈的地下党员、工作干部、革命群众，时任尖堡联保的共产党人徐子鳌、赵宋贤亦被列入"肃反"对象，当时府谷各地被"肃反"的人员达130多人。这一年府谷党的地下组织处于瘫痪状态，一些共产党员和进步人士被迫远走他乡，秘密转移到内蒙古、山西等地继续开展党的革命活动。

1938年2月下旬，日军轰炸府、保县城，投弹20余枚，府谷街市炸毁民房20余间，徐氏济益源药铺也在这次轰炸中被炸毁。1939年春，徐子鳌重修济益源商号，继续作为掩护我党地下工作的秘密联络点。这年农历腊月二十五日，日军12架轰炸机在府谷投弹80多枚，当时，徐子鳌和张双格去山西保德发送传单，当他俩乘船返回刘家川渡口河岸时，徐子鳌不幸被炸弹残片击中头部，当场壮烈牺牲，时年26岁。

1956年，社会主义商业手工业实行合作化，资本主义工商业实行全行业公私合营，徐氏济益源商号改为"人民食堂公私合营店"，徐子鳌妻子胡爱英响应国家号召，再次将济益源药铺二十八间房产与八间地基无偿捐献给国家，为新中国国民经济的恢复和发展做出了贡献。

溯本求源

谷史府文

02

麟、府州的建置与地理形势

戴应新

麟、府、丰州的管辖范围，东和东南至黄河，西界窟野河和秃尾河下游，包括今神木县大部、府谷县全部和内蒙古准格尔旗南部。

丰州在麟、府北，与府州所辖的子河汊相接，在今内蒙古自治区准格尔旗南部及与陕西省交界处，乃藏才族聚居区，首领王氏，与折氏通婚，关系密切。丰州地狭人少，州城卑陋，可是有麟府二州做依托，受折氏保护，所以也能在强敌虎视的环境中存在下去。抗御辽、夏，麟、府、丰三州结成一体，首尾相救，唇齿相依，但丰州地非折氏亲领，麟州自折嗣伦死后，继其职者，亦非折氏，尽管如此，折氏始终对这二州有着相当的影响力，否则，折可求降金怎能以三州之地输诚以献呢？

麟州的建置，时在唐开元十二年（724），"割胜州之连谷、银城置之"。在此以前，突厥人康待宾联合党项羌于开元九年（721）掀起暴动，接连攻下胜州（今内蒙古伊盟东北）所属的银城、连谷二县（神木境内），唐朝廷派遣张说、王晙领马步军万余人出合谷关（在今山西兴县境）掩袭，大破之，北追至骆驼堰（在神木北百里），迫使党项羌与康待宾分裂，互相攻击，康待宾遂败北，逃入铁建山中（在胜州塞北），余众溃散。乱平之后，张说招纳党项流亡，复其居业，为此奏请割胜州之连谷、银城二县地设置麟州，安置羌众。寻废，乾元元年（758）复置麟州、五代因之。麟州既为安置叛降的党项羌众而建置，其地又是他们暴动以前所居的"故处"，则州境内主要居民为党项羌。

麟州城故址在今陕西省神木县东北三十里，窟野河东面山梁上，南北临沟，城垣依山势上下，格外壮观，分为内外两重，形势险要，今名"杨家城"。城墙夯土版筑，残高5～7米，基厚10米，城内遍布瓦砾、石臼、佛像碎片等。

府州建置比麟州晚，唐末，天下离乱，沙陀首领李克用以助唐镇压农民起义军有功，封河东节度使，晋爵晋王，势力达于河曲。其时，早已徙居黄河西岸的麟州以东的"云中大族"折氏，有名嗣伦者，号太山公，在当地居民中很有威望，"人争附之"，因而形成一股新兴的地方割据势力。李克用初到河曲地区，为加强实力和扩大地盘，拉拢豪强，"知太山公可附以事，收隶帐下，凡力所不能制者，屡命统之。而能辑睦招聚，横悍西北二虏，封上柱国，以其地为府谷镇"。折嗣伦因缘时会，乘乱而兴，后为麟州刺史。

后唐天祐七年（910），"以代北诸都屡为边患"，升府谷镇为县。明年（911）"升建府州以扼藩界"，并以嗣伦之子折从阮为州刺史。后晋天福元年（936），石敬瑭卖国求荣，割燕云十六州给辽，以报援立之恩。府州包括在十六州内，"既而契丹欲尽徙河西之民以实辽东，人心大扰，从阮因保险拒之"，从而保住了相对独立的地位。天福十二年（947），刘知远建后汉政权于太原，从阮率众归附，于是府州被升为永安军，以从阮为节度使，还"析振武之胜州并沿河五镇以隶焉"。后周显德元年（954），升府州为节镇，拜从阮子德扆为节度使，其时从阮镇守邠宁，父子俱领节钺，地位烜赫，人以为荣。

由上可见，不管五代时期中原政权如何更迭，折氏总是"稳坐钓鱼台"，守住府州的地盘不放，只是因应政治形势，不断改换门庭而已。这样不仅保住了折家的禄位，他们统治的府谷也由镇升为县，为州，为军而至节镇，地位越来越重要了。

府州故城由南北二城组成，北城在今陕西省府谷县城关镇东山峁上，平面呈长圆形，夯土筑成，外包石头，即老县城，南城在城关镇北山坡上，平面三角形，夯筑土墙，高6～8米，东西两面临沟，北墙则雄居山巅，规模比北城大。南北二城南濒黄河，上下对峙，格外雄伟。

麟府州地处陕北黄土高原和毛乌素沙漠过渡地带的东段，海拔一般在800～1300米，北半部系风沙草滩区，地势平衍，固定沙丘断续分布，沙丘沙梁起伏绵延，多下湿滩地和海子，水丰草美，适宜畜牧。南部为黄土丘陵沟壑区，黄土厚达数十米，地势支离破碎，沟壑纵横，山梁透迤，梁峁相间，多险隘，利于防守。河流沿岸冲积阶地较发育，地势低平，土质肥沃，适于耕稼，是粮食的主要产地。黄河沿岸是峡谷丘陵区，土层薄，基岩裸露，岩谷高深，多悬崖陡坡。

麟、府、丰三个州城和下辖各堡寨，都建在黄土丘陵沟壑区和黄河沿岸的险要地段，高高挺立于梁峁之巅，或城址一半在山顶，一半在山坡，呈簸箕形。这网络般的一座座城堡，控扼着条条河沟通道，折氏和其下属的各寨主，就凭恃着这许多的城堡工事，利用天险，邀击犯敌。他们探知敌人进攻的方向，预先在必经的险隘之处设伏以待，常常杀犯敌个措手不及，所谓"保险拒之"，此之谓也。

在宋代，陕北黄土高原还保存着大片的林草，为守军提供了必不可少的薪炭和畜料，减轻内地远途馈运之劳，还使他们得到掩蔽，便于运动作战而不致暴露目标。

当然，决定战争胜负的根本原因，在于契丹、西夏的进犯属不义之战，为各民族人民所愤恨，但有利的地形，坚固的工事和充分利用熟悉的地理优势，无疑也是折氏家族屡挫犯敌，化险为夷，保住地盘，子孙相继统治这一地区长达二百多年的原因之一。

原载《折氏家族史略》，戴应新著，三秦出版社，1989年3月版，P7-9
戴应新，陕西省蓝田县人，陕西省考古研究所研究员，曾参与和主持了府谷宋代墓葬等几十项重大考古发掘工作，并出版《折氏家族史略》等专著。

府州城及府谷旧县城考略

王艾林

　　府谷，唐高祖武德年间（618—627）设镇，迄今近1400年，历史悠久。自从后唐天祐七年（910）置县以来，府谷长期处于许多军事集团相互角逐的风口浪尖。尤其后唐庄宗李存勖（923—926年在位）委任折从阮为府州刺史以来至宋室南迁，府谷战事愈为频繁剧烈，为兵家必争之地，战略地位极为重要。那么，这个时期，府谷州城或县城在何处？带着这个问题，笔者查阅了大量相关资料，走访了不少府谷旧城和杨瓦一带的原住居民，多次实地勘察度量了相关遗址和名胜古迹。尤其杨瓦村的杨平治、柴富敏等君提供了不少极有价值的史料，杨文华先生曾陪笔者走访过不少旧城内的原住居民，并实地勘察了旧城内及城周的大部分建筑和石窟等。也曾和白义雄、杨国威二位老先生讨论过许多相关问题。经多次走访调查和讨论，五代至宋的府州城轮廓渐趋清晰。

从后唐天祐七年（910）至赵匡胤陈桥兵变建立宋王朝（960）的50年间，折从阮及其折氏后代苦心经营，所筑府州城（即戴应新先生《折氏家族史略》中的所谓北城）位置大致为：北至西梁村，东至现看守所东侧甘露沟畔，西至杨瓦村西北侧的古城梁，南至现杨瓦南路童福林、付马小两个院子一线，从这里向东经王侯师院子一带后沿马家沟西畔延伸至甘露沟畔。四至清晰明确，遗址尚存，城垣规模略大于府谷旧城。府州城夯土筑墙，没有包砖，其中心位置大致在现杨瓦砖场，小地名叫徐家墩。此处曾有钟楼一座，底座为高大的砖拱门洞，其上建有一层砖券阁楼，沿门洞内的台阶可登上阁楼，阁楼内供奉有百余个神仙牌位。附近村民说此楼形状与五虎山的玉帝楼相仿，玉帝楼底座上边原来只有一层较简朴的阁楼，前几年重修时加为两层，格局上比旧楼宏大漂亮多了。府州城的这个钟楼的阁楼在抗战时期日军炮轰府谷时被炸毁，底座上的砖在20世纪60年代初被本地村民拆去他用。中国人信神，此楼之所以能保存这么久远未遭破坏，或许有赖于这些神仙牌位。

现杨瓦村村委办公室沿杨瓦北路一线20世纪60年代前曾是一道雨水冲刷出的深沟，沟内巨大而整齐的石条和砖瓦随处可见，后来生产队在现在的村委办公室门前一带沿东西方向修筑了一道堤坝，随之这道深沟被泥沙淤积终成平地。20世纪70年代杨瓦生产队在西梁修梯田时从地下刨出一个巨大的碑座，村里请石匠将此碑座打成一百几十块较大的建筑用"墩子石"，经估算这个碑座有近一吨重。在城区范围内篮球大小的礌石不时可见，刀剑之类的兵器和嵌有箭镞的头盖骨亦出土不少。

20世纪80年代以后，现杨瓦南路西侧一带逐渐辟为居民宅基地，在修建时从地下挖出一座坍塌的城门洞，基础用巨大的石条砌成。在城门洞外还挖出一口水井，用石条砌成六边形状，旁边有一座小型石砌水神庙。在这口古井西侧不远处现在仍有一口井，水源充沛，清澈见底。20世纪60年代，这一带附近区域至上文提到的深沟内，烧焦了的木柱木梁随处可见。在现杨瓦西路附近曾挖出上千车炉灰等生活垃圾。按200年积累计算，仅这一部分生活垃圾需要近百人。前不久在杨瓦西路离古城墙不远处施工时挖出一块完整的古砖，长38厘米，宽19厘米，厚8厘米。古城区范围内残缺不全的古砖到处都是。

府州城的东门位于现在的看守所东侧甘露沟畔，下临百尺深涧，易守难攻，其遗迹20世纪60年代仍清晰可见。东门下边的半坡另有一处门洞遗迹，可能是为保障城内用水所建的水门，取水小道遗迹尚存，与相关战争记载吻合。当时的甘露沟水量十分充沛，约40年前附近居民还常到那里去耍水洗澡。同时，这一带也曾发现上千车炉灰等生活垃圾。北门位于西梁，即上文提到的碑座出土处，城墙尚存。上文提到的那个位于杨瓦南路西侧的城门洞是西门，下边是现官井沟，沟深坡陡，易守难攻。南门位于现府谷一小东大门外向北百余米处，沿马道崖通向黄河沿岸大道，是府州城的重要出口，马道崖由此得名。南门外现地毯厂旁边，即府谷旧城小西门对面半山腰泉水极为丰富，听当地人说这里也曾有过门洞，可能建有水门。有趣的是现杨瓦南路曾有一溜直径有40多厘米的马蹄印，当地原住居民称这些马蹄印是折家的军马踩下的。我猜测，这些马蹄印可能与为阵亡将士招魂等祭祀活动有关。府谷民间称这座府州城为永宁府，而在历史上何时把府州城称为永宁府，有待进一步考证。

北宋庆历元年（1041），西夏李元昊进犯府州，折继闵领兵迎战，出奇制胜，但边防压力与日俱增。折继闵用两年时间环绕州城修筑了东胜堡、安定堡和金城堡，以固其州城防御。东胜堡位于州城东面的焦山，就是今天的黑山。安定堡位于州城北门外今沙墕村南，金城堡位于今海蚌儿峁（西营墙峁）。庆历三年（1043）冬，西夏以数万众分路攻金城堡，折继闵领兵追至杜胡川（今秃尾河），大破其众，斩首400余，夺其马匹器械无数，朝廷赐诏褒美，并赐锦袍银两以旌其功。从这两次战事可以看出，折继闵总是以攻为守，在远离州城的地方与敌人厮杀，并未以逸待劳，在城下进行斩获。这说明州城防御设施存在问题，事实正是如此。庆历三年折继闵追击西夏兵获胜的同时，张旨领筑了一道从州城北门至石板沟崖畔的城墙和一道从州城东北角延伸至东胜堡的城墙（一些志书称"外城"），墙高均在两丈以上。这两道墙犹如州城的两个展开的翅膀，阻断了南北通道，使来犯之敌无法对州城形成包围之势。

靖康元年（1126），北宋王朝割让麟府丰三州予西夏，由于折氏与西夏世仇，宋建炎三年（1129）折可求以麟府丰三州及所属堡寨降金。绍兴九年（1139）夏人陷府州，西夏兵攻陷府州后进行屠城，并将折氏祖坟剖棺戮尸，以至于从1139年至1226年的80多年间无法恢复正常的生产活动和设置州县。金贞元（1153—1155）两年间，金从西夏手中夺得府谷，正大三年（1226）复设府谷县。从1155—1234年府谷为金所占。蒙古人于1206年建立元朝，1279年灭南宋，至元六年（1269）攻陷府谷，州县俱废（雍正本《陕西通志》）。金于1234年被灭，从1234年至1269年的35年间，府谷地方自治。我们在上文提到，历史上何时把府州城称为永宁府有待进一步考证。但是，府州城在这一时期可能被人们称为永宁府。1269年蒙古人攻陷府谷后，永宁府惨遭屠城，城内居民几近杀绝，并放火焚城，直至明初一百多年间，府谷荒无人烟。时至今日，在府谷的老年人中仍流传着"永宁府死得苦"这么一个流传了几百年的说法，而且所指明确，永宁府就是府州城，坐落在杨瓦至西梁这道山梁上。

上面我们介绍了有关府州城的遗迹，讨论这个问题绕不开明清时的府谷旧城。府谷旧城是一座保存较为完整的古城池，现有六个城门，东、北两面各一门，西、南两面各两门。南面的两座门其西侧的为大南门，东侧的为小南门。这六个城门皆为1440年前后（明英宗正统中期）修建。清乾隆四十六年（1781），为了汲水方便，在小南门下砌筑一道石阶。对此，陕师大历史系教授史念海曾进行过考查和论证。

许多事实表明，府谷旧城全部兴建于明初。明初府谷承受着后元巨大的军事压力，明廷以重兵镇守。当时因府州城已毁于兵燹，无处屯兵，好在宋代所筑的东胜堡当时还未毁，所以守军暂屯东胜堡。后经认真选址，进行了大规模土木工程，抢筑城垣，继而移兵于城。明朝建立于1368年，即洪武元年，洪武十三年（1380）始置府谷县，第二年开始修建文庙。

府谷旧城内的庙宇和其他古建筑始建时间均在明以后，这就是说，不仅六个城门是明代的建筑，整个府谷旧城都是明代的建筑，并非所谓宋代府州的南城。换句话说，如果府谷旧城是宋代建造，难道仅是一座只有围墙的空城？有皮没瓤的州城亘古未有，且不论当时是否有能力筑两座城，而且筑两座城何用。在城内和城周所有建筑中，文庙始建时间最早，是明廷在府谷设县的第二年始建，即洪武十四年（1381）始建。在各类建筑物中，石壁凿洞是寿命最长的。南门外的千佛洞始建时间比文庙要晚得多，初建时只有石窟部分，为苏氏所筑。明万历二十四年（1596）李逢春等人重修，后累经增建方成今日规模。声名远播的府谷悬空寺是圆通洞的俗称，位于旧城东门外偏南，为明万历年间修筑，比千佛洞始建时间要晚200年左右，洪济洞又名李家洞，位于旧县城小南门外，为明代邑人李梦桂修筑。

府谷现居民的先祖大都在明代以后从山西等地迁来，明以前的原住居民甚少，而且居住在县城外。折氏随宋室南迁后，留守府谷的折氏庶支族人因回避西夏报复，都隐居偏远山区，有些甚至改姓。如老高川和赵五家湾等地有些非折姓居民就属折氏后裔，直至抗日战争时期他们仍保留着独特的生活方式，最明显的一个特征是世世代代没有缠足的习俗。县川刘氏在明以前定居府谷，城内居民均为明以后迁来府谷。苏氏迁来府谷较早，于明洪武四年（1371）由浙江迁来，王氏则于明成化二年由山西晋中、南地区迁来府谷，李氏、尤氏、杨氏等同样亦是明代的移民。旧城内的民居均为明以后的移民始建，当初均为低矮的土房子，我们现在看到的里生外熟（土墙外包砖）的房子均为清代至民初重建。

除庙宇、石窟、民居等建筑外，公共设施中最有名的要算书院。明弘治年间（1488—1506）地方贤达白质创办义学，崇祯三年（1630）六月因王嘉胤陷府谷县城而废。清雍正年间地方绅士在城内元帝庙创办书院，取名荣河书院。清乾隆三十四年（1769）知县郑居中组织地方绅士在县城南门外山坡上捐建书院新址，乡人受益至今。

古代的城垣规模不仅与军事有关，与人力资源亦有极大关系。宋代府谷人口不足2万，成年男子除服兵役和各种常规徭役外，可支配劳动力所剩无几。府谷境内的城池包砖只是明万历三十五年（1607）的事。黄甫、镇羌、清水于1607年包砖，孤山、木瓜于1608年包砖。府谷旧城筑于明初，何时包砖尚无考证。筑城是军事压力的结果，应该是先筑土城后包砖，不可能同时进行。因为在军事压力下筑城最重要的问题是施工进度，是为守军尽快提供城墙这一冷兵器时代最为重要的军事设施，更何况还存在一个人力资源问题和施工现场人流密度的问题，工人们挤作一团，工程进度无从谈起。从建筑工艺讲，同样应该先筑土墙然后包砖。历史上府谷的古庙宇建筑和民居其墙壁最高档次的也不过是里生外熟，工艺上都是先筑土墙后包砖，这种做法一直延续到20世纪80年代初。

历史上为什么把现在的府谷旧城误作宋代府州城呢？首先，宋室南迁折可求降金至明初240多年间有关府谷的历史资料甚少，尤其蒙元统治的近100年间府谷史志几乎一片空白。更为重要的是，清朝搞种族等级制度，加之清朝因恐惧社会上的反清复明情绪和势力，对明竭尽诋毁诽谤之能事。雍正《府谷县志》和乾隆《府谷县志》在处理蒙元攻陷府谷后屠城和明初另辟新址筑城等历史问题时，闪烁其词，说府州城始建时间不详或大约筑于唐宋间，含含糊糊地把当时的府谷县城当作府州城，介绍其规模以及庙宇等古建筑的方位。明修栈道、暗度陈仓，采取偷梁换柱、移花接木手段，把明初开始修筑的府谷县城糊弄成宋代府州城。康熙年间曾任延安府同知的谭吉璁于康熙九年（1670）冬来过府谷，其人在雍正《〈府谷县志〉序》中称在府谷"所见者皆邱城芜邑、荒烟蔓草而已。……唯于城之西，寻所谓折氏百花坞者，犹隐隐在也"。谭吉璁的这段文字所描述的景象明显是宋代府州城遗迹。看到这种景象，谭吉璁问其故，回答说："顺治初流贼之孽高有才者，据邑称乱，为其所残杀至此。"高有才当年攻下的是府谷县城，怎么能把近400年前被蒙古人焚毁掉的府州城的遗迹的残败景象归到高有才头上呢？高有才攻下的府谷县城并未成为"皆邱城芜邑，荒烟蔓草"，高有才还在那里据守近一年呢。高有才攻下府谷县城是顺治五年（1648）的事，到谭吉璁来府谷整整22年，就算高有才当年把府谷县城折腾得如此残败，难道22年后仍无恢复？清朝毫无作为？谭吉璁所看到的残败景象毫无疑问并非高有才攻下的府谷县城。事实上，从明初直至民国时期，府谷县衙一直设在府谷旧城，高有才攻下县城后并未毁掉这座古城池，而是据守近一年后投河自尽。谭吉璁来府谷时府谷知县杨许玉的县衙仍是明初所建的县衙。同时，府谷旧城内明代的老居民苏氏、王氏、李氏等从未离开过这座城池，一直居住到现在。

由于雍正《府谷县志》和乾隆《府谷县志》的误导，数百年来以讹传讹。时至今日，府州城被毁虽已900多年了，但断壁残垣仍在，遗迹遗物以及了解相关内容的人士不少，相关资料颇丰，去伪存真恢复历史真实面目并非难事，所需的只是求真务实的精神而已。

"都甲户口"是
怎么回事？

张怀树

　　老一辈遇到同姓之人，都会问一问对方的"都甲户口"。什么是"都甲户口"呢？这就要从古代的户籍管理谈起了。

　　户籍管理发端于春秋战国，秦朝统一中国以后，将每五户人家编为一伍，每十户人家编为一什，伍有伍长，什有什长，要求邻里之间互相监督，互相纠察，发现形迹可疑者要及时上报。一家有罪，伍、什都要负连带责任，"连坐同罪""一五一十"就是从这里来的。迁居要向地方官吏申请"更籍"，也就是办理户口迁移手续，"使民无得擅徙"。主要目的是管理民众、收缴赋税、征兵服役、维护治安。

　　后来的各个朝代基本承袭了秦朝的户籍管理办法，略有变更。比如北魏"五家立一邻长，五邻立一里长，五里立一党长"。"邻里""乡党"这些词语一直沿用到现在；唐朝实行的是"五家为一保，百户为一里，五百户为一乡"；宋朝变为"十家为一保，五十家为一大保，十大保为一都保"；明朝则"以一百十户为一里，摊丁粮多者十户为长，余百户为十甲"，意思是每一百一十户人家编为一个"里"，其中按人口缴纳税粮最多的十户人家

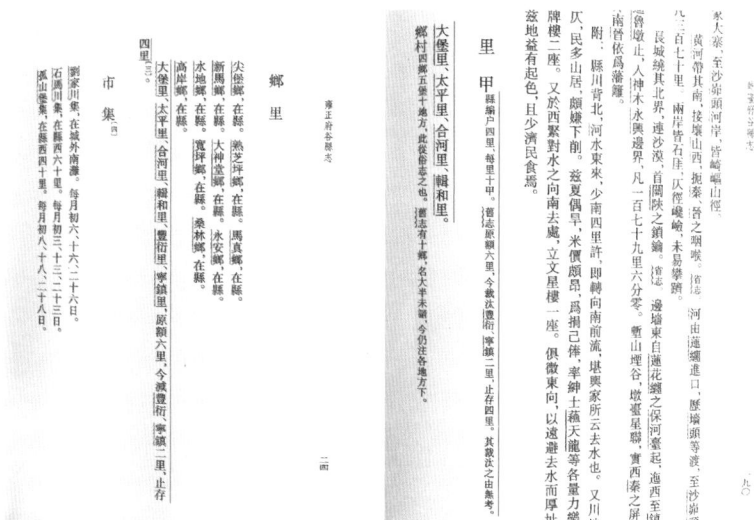

雍正《府谷县志》（左）和乾隆《府谷县志》（右）的记载

当负责人，其余一百户人家编为十个"甲"。清朝也实行类似的制度。所谓"都甲户口"，就是从宋朝的"都保制度"和明朝的"里甲制度"演变流传下来的。

古人喜欢聚族而居，同村同姓的基本都是一个祖宗。现在的府谷人大多是明朝移民的后代。移民们背井离乡，到达目的地后，弟兄或者同宗同族的人往往选择在同一个村子住下来，互相帮扶，生存发展，官府编"都甲户口"的时候，自然就编在了一起，如墙头尧峁的张氏、黄甫段寨的段氏、碛塄高尧峁的郝氏、哈镇陈家圪堵的陈氏等。经过几百年的开枝散叶，一个家族会发展得很大，有一部分人可能要迁徙到别的地方居住，但只要有相同的姓氏，又是同一个"都甲户口"，不管能不能整理清楚辈分，都会认为有着同一个祖先。

古代府谷县的行政区划，明以前的没有找到确切资料，清朝雍正《府谷县志》载：府谷有"大堡里、太平里、合河里、辑和里、丰衍里、宁镇里，原额六里，今减丰衍、宁镇二里，止存四里"。

乾隆《府谷县志》的记载也是一样的，只不过更详细一点："县编户四里，每里十甲。旧志原额六里，今裁汰丰衍、宁镇二里，止存四里。其裁汰之由无考。"也就是说，府谷县最初编为六个里，即大堡里、太平里、合河里、辑和里、丰衍里、宁镇里，每个里又编为十个甲。后来裁撤了丰衍里和宁镇里，只剩下大堡、太平、合河、辑和四个里，至于为啥要裁撤丰衍里和宁镇里，乾隆时期已经难以考证了。

现在府谷人的都甲户口，基本上都是"大堡都×甲""太平都×甲""合河都×甲""辑和都×甲"，偶尔也有早被裁撤的"丰衍都×甲""宁镇都×甲"。只是年代久远，口耳相传，有些字的读音发生了变化，比如"大堡都"民间读作"dài堡都"，"大"字读作"代"，是古音，例如称土匪头子为山大王，读作"山dài王"；称医生为"大夫"，读作"dài夫"；还有一些是只知读音不知写法，写成同音字或近音字的。

关于都甲户口的官方资料很少，倒是民间有不少线索，希望能有专家认真发掘，仔细研究，根据都甲户口的分布，画出一张详细的北方民众迁徙、文化传播的线路图。

府谷县辖区的变迁

张怀树

后唐天祐七年，也就是公元910年，原属麟州的府谷镇升为府谷县，次年升为府州。北宋属河东路，下辖一县三寨四堡，即府谷县，安丰寨、宁府寨、百胜寨，河滨堡、斥堠堡、靖安堡、西安堡。有居民1242户，3185人，贡品是甘草。不过从史料记载和出土的碑刻看，还有宁川堡、宣威寨、震威城、宁边寨、清寨堡、怀来堡、永宁堡、靖化堡、宁疆堡、金城堡、东胜堡、安定堡、琉璃堡、中堠寨、建宁寨、镇川堡等很多堡寨。这些堡寨的位置在现在的什么地方，专家们的意见也不一致。

府谷现存最早的县志是清朝雍正年间编纂的《府谷县志》，其"乡里"条下载：府谷县原来编为6个里，即大堡里、太平里、合河里、辑和里、丰衍里、宁镇里，后来裁撤了丰衍里和宁镇里，只剩下大堡里、太平里、合河里、辑和里，这4个里后来演变为府谷人的"都甲户口"。当时，府谷县境内分为10个乡，即尖堡乡、熟芝坪乡、马真乡、新马乡、大神堂乡、永安乡、水地乡、宽坪乡、桑林乡、高崖乡。到了乾隆年间，又分为"四乡十地方"，即：

东乡：

1.尖堡地方，也就是雍正《府谷县志》的"尖堡乡"，辖西梁、红胶塌、高家窨子、韩家圪坨、杨家沙塌、东花石峁、刘家沟、柳林碛、黑山、暖泉沟、杨家沟、王家塌、石庙儿、石家山、天桥子、灰耳寨、尖堡村、海则庙、王家大庄、刘家大庄、刘家坪、刘家峁、柏林殿、磁窑沟、高柳树、高梁上、阎家寨、上王家塌、赵家寨、赵家墩、狄家畔、沙窑子等村。

2.黄甫地方，也就是雍正《府谷县志》的"宽坪乡"，辖竺球台、平鲁墩、魏家畔、杨家沙塌、安则嘴塘、马家塌、贾家湾、丁家梁、葬儿坪、观音殿、山神堂、大宽坪、小宽坪、韩家湾、蔺家嘴、刘家塌、蔺家塌、宗常山、桃家山、秦家寨、贾家寨、红泥寨、川口、段家寨、大泉沟、刘家沟、冯家汇、阎家塔、窑峁村、紫城寨、窑沟梁、墙头村、小战村、大战村、常王寨、常家庄子、石家塌、柏林峁、李家寨、十门则、暖泉寨、界牌、片柴峁、陈家圪坨、柴关儿岔、胡家梁、新芭州、杨家峁、麻地沟等村。

南乡：

1.马真地方，也就是雍正《府谷县志》的"马真乡"，辖马真村、下刘家、合河村、贺家堡、白家峁、小木村、漫塔、盘塘、彩林、葛付、郭家会、阎家堡、韩家塔、上刘家、深家沟、桥家湾、秦家坡、栏杆堡、刘家寨、枣林峁、沙峁头、郭家寨等村。这些村子现在大多划归神木市。

2.大堡地方，也就是雍正《府谷县志》的"熟芝坪乡"，辖碛塄村、杨家庄、郝家角、园子战、马连坪、石槽坪、黎树塔、高家洼、王家崖窑、刘家峁、郝家小寨、傅家坪、郭家崖窑等村。

3.永兴地方，也就是雍正《府谷县志》的"高崖乡"，辖来安寨、贾家沟、边来寨、边家圪崂、刘家大寨、陈家西洼等村。有些村子现在划归神木市。

西乡：

1.新马地方，也就是雍正《府谷县志》的"新马乡"，辖刘家峁儿、官井村、赵家石窑、高家湾、狮子神、柳寙里、齐家寨、苏家园、朱家峁、赵家石堡、西花石峁、军寨山、高家老庄等村。据记载，"新马"作为一个村名，在乾隆年间已经消失了，只留下一个土墩，其位置在现在的新区王家畔村上墕。

2.镇羌地方，也就是雍正《府谷县志》的"永安乡"，辖龙王庙、对九峁、守口墩、新旺庄、杀牛峁、刘家沙寙、齐家畔、边家教厂、胡家沟、刘家沟、蔚家峁、万家墩等村。

3.孤山地方，也就是雍正《府谷县志》的"大神堂乡"，辖正川口、郅家寨、蔺家沟、黑石克儿、高榆树梁、单家圪崂、吕家湾、花沙塔、引正墩、王家梁、野芦沟岔、宋家新窑、陈家庄、双口墩、山神墕、野猪峁、白露墩、屯地村、车家崖窑、尚家庄、大神堂、小神堂、岳家寨、李家寙、中庄、西庄、张圈儿寨、杨家畔、石嘴头塘、刘家水口、刘家寨儿等村。

北乡

1.木瓜地方，也就是雍正《府谷县志》的"桑林乡"，辖王家梁、柴家塔、桑园梁、高石崖、仓项峁、西山寨、清阳塔、董家沟、班家塔、桑林坪、翟家梁、淡家寨、王家沟、郝圪坨、任家老庄、太平墩、炭窑沟、台瓮沟等村。

2.清水地方，也就是雍正《府谷县志》的"水地乡"，辖郝家南峁、驼骨峁、官道塔、沙庄窝、漫塔村、石寨上、赵家塔头、庙梁村、水草湾、石山子、双口墩、新修墩、白草圪坨、古楼上、蒿儿塔、甘沟子、大墩塔、楼儿圪坨、火把梁、窨子沟、海红梁、倪家峁、黄草梁、红谷地梁、南坪村、碑儿塔、孤圪坨、雷家梁、清春峁等村。

注：以上涉及的村名，均采用原书用字。

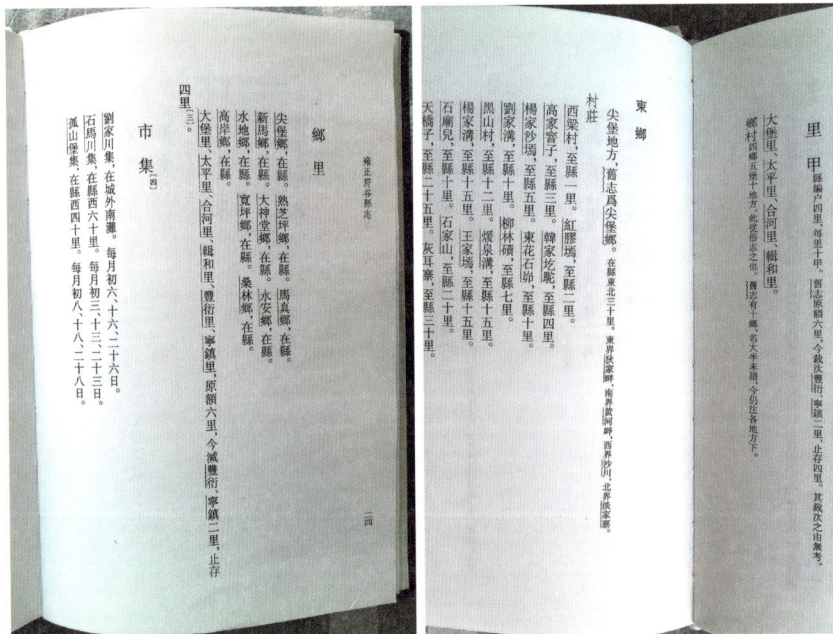

雍正《府谷县志》（左）和乾隆《府谷县志》（右）的记载

从雍正、乾隆两种版本的《府谷县志》可以看出，当时府谷县的辖区不包括明长城以外的古城、哈镇、大岔、庙沟门、老高川、大昌汗等部分，但包括了现在划归内蒙古准格尔旗的大战、小战两村，以及现在划归神木市的马真、合河、盘塘、彩林、葛付、栏杆堡等地。如果画成地图，基本上是沿黄河的一条狭长地带，所以老人们常说："神木一大片，府谷一条线。"

到了民国初年，明长城以内还是10个地方不变。明长城以外，增设了古城、哈拉寨、羌和（赵五家湾一带）、沙梁（庙沟门一带）、他尔坝（大昌汗、老高川一带）、界地（府谷县北部与内蒙古接壤的狭长地带）6个地方。合起来就成了16个地方。

1933年，实施保甲制。全县编为23个联保，辖110保、1600甲。各联保所辖区域如下：

尖堡联保：辖城关、海则庙、高石崖一带。

黄甫联保：辖黄甫一带。

麻地沟联保：辖麻镇、墙头一带。

盘塘联保：辖今神木市盘塘一带。

古城联保：辖古城一带。

清水联保：辖清水一带。

羌和联保：辖赵五家湾一带。

哈拉寨联保：辖哈镇、大岔一带。

崇道联保：辖高石崖西部。

木瓜联保：辖木瓜一带。

信义联保：辖庙沟门、三道沟和内蒙古准格尔旗羊市塔一带。

镇羌联保：辖新民、田家寨一带。

连谷联保：辖大昌汉、老高川一带。

礼智联保：辖哈镇、今内蒙古准格尔旗五字湾一带。

孤山联保：辖孤山一带。

天平联保：辖孤山、庙沟门、三道沟一带。

大堡联保：辖碛塄、武家庄一带。

永兴联保：辖田家寨、今神木市永兴一带。

马真联保：辖今神木市马真一带。

新马联保：辖傅家塌、碛塄一带。

永安联保：辖城关镇一带。

白云乡联保：辖王家墕一带。

城内联保：辖旧县城内。

1940年，改划为8镇，镇下设保、甲，直至解放。当时，西津镇已被中共控制，其余7镇划分如下：

镇名	所辖地域	镇公所驻地
荣贵镇	城关、高石崖、海则庙一带。	官井村
君子镇	麻镇、古城、黄甫、墙头一带。	麻地沟（今麻镇）
凤凰镇	哈镇、大岔、清水一带。	哈拉寨（今哈镇）
天平镇	孤山、高石崖、木瓜一带。	孤山
松翠镇	新民、田家寨及神木永兴一带。	镇羌（今新民）
花坞镇	傅家塌、碛塄、武家庄一带。	高尧峁
连城镇	大昌汗、老高川、三道沟、庙沟门、赵五家湾一带。	沙梁

民国《府谷县志》各镇户口统计表

以上所述，只是一个大致的脉络。这中间还有一些调整，特别是新中国成立前后。不过这些调整持续时间都不长，就不细说了。至于中华人民共和国成立后的乡镇划分，以及近年来的撤乡并镇，大家都清楚，没必要叙述。

读史探疑一二

石治宽

　　庚子春，趁闲阅读了数篇关于研究府谷历史的论著，深受启发。这些文章旁征博引，广泛搜集历史典籍，从不同角度细化和填充了府谷现有旧史的不少空白，挖掘出了许多鲜为人知的府谷故事，极大激发了笔者追寻家乡历史文化的兴趣。顺着这些文章的思路、脉络，笔者又反复阅读了一些和府谷相关的志书、资料，在阅读学习过程中把几点思考和存疑串编成文，以期和更多的文史爱好者请教探讨。

一、"秦源德水"

（一）"德水"之缘由

　　说"德水"就得先从古代说起，古代的黄河名字并不叫黄河，我国最古老的字书《说文解字》中称"河"，最古老的地理书籍《山海经》中称"河水"，《水经注》中称为"上河"，《汉书·西域传》中称"中国河"，《尚书》中称"九河"，《史记》中称"大河"。到了西汉，由于河水中的泥沙含量增多，有人称它为"浊河"或者"黄河"，但未被普遍认可。据考证，黄河一词最早见于东汉班固《汉书·地理志》中"常山郡·元氏县"的释文里，直到唐宋时期，"黄河"这一名称才被广泛使用。

"德水"的称谓出自秦始皇灭六国统一天下以后，在《史记》《秦始皇本纪第六》和《封禅书第六》中均有记载。

《秦始皇本纪第六》原文：始皇推终始五德之传，以为周得火德，秦代周德，从所不胜。方今水德之始，改年始，朝贺皆自十月朔。衣服旄旌节旗皆上黑。数以六为纪，符、法冠皆六寸，而舆六尺，六尺为步，乘六马。更名河曰德水，以为水德之始。刚毅戾深，事皆决于法，刻削毋仁恩和义，然后合五德之数。于是急法，久者不赦。

大意是：秦始皇按照水、火、木、金、土五行相生相克、终始循环的原理进行推求，认为周朝占有火德的属性，秦朝要取代周朝，就必须取周朝的火德所抵不过的水德。现在是水德开始之年，为顺天意，要更改一年的开始。群臣朝见拜贺都在十月初一这一天。衣服、符节和旗帜的装饰，都崇尚黑色。因为水德属阴，《易》卦中阴爻用六数，就把数目以十为终极改成以六为终极，所以符节和御史所戴的法冠都规定为六寸，车宽为六尺，六尺为一步，一辆车驾六匹马。把河改名为"德水"，以此来表示水德的开始（文者提示：是更名为德水，不是封名为德水）。刚毅严厉，一切事情都依法律决定，刻薄而不讲仁爱、恩惠、和善、情义，这样才符合五德中水主阴的命数。于是把法令搞得极为严酷，犯了法久久不能得到宽赦。

《封禅书第六》原文节选：秦始皇既并天下而帝，或曰："黄帝得土德，黄龙地螾见，夏得木德，青龙止于郊，草木畅茂。殷得金德，银自山溢。周得火德，有赤乌之符。今秦变周，水德之时。昔秦文公出猎，获黑龙，此其水德之瑞。"于是更命河曰"德水"，以冬十月为年首，色上黑，度以六为名，音上大吕，事统上法。

大意基本和《秦始皇本纪第六》相同，即：秦始皇完成统一天下为帝后，有人说："黄帝于五行得土德，有黄龙和大蚯蚓出现。夏朝得木德，有青龙降落在都城郊外，草木长得格外茁壮茂盛。殷朝得金德，所以才从山中流出银子来。周朝得火德，有红色乌鸦这种符瑞产生。如今秦朝改变了周朝天下，是得水德的时代，以前秦文公出外打猎，曾得到一条黑龙，这就是水德的吉祥物。"于是秦把河改为"德水"，以冬季十月为每年的开头，颜色崇尚黑色，尺度以六为数，音声崇尚大吕（大吕：古乐律十二律之一），政事崇尚法令（文者提示：该句之意并非是最大的乐器与最上等的祭祀法式）。

以上两段文字所载"德水"记述的是秦始皇二十六年（前221年）灭六国统一天下以后按照五行原理推求，认为周朝占有火德的属性，秦朝要取代周朝，就必须取周朝的火德所抵不过的水德，因此把河改名为"德水"。但这一称谓好像并没有被广泛应用，前面提到的先秦重要古籍《山海经》、汉代字书《说文解字》、北魏地理名著《水经注》、东汉史籍前后《汉书》、西汉历史文献汇编《尚书》等史籍中均没有找到关于"德水"的记述。二十四史之首的《史记》也只是在《秦始皇本纪第六》和《封禅书第六》中记载了秦始皇要把"河"改名为"德水"这一说法，在其他篇目中统称"大河"。

（二）"秦源德水"源自乾隆《府谷县志》

"秦源德水"的称谓始于清代乾隆年间，出自乾隆本《府谷县志》。雍正本《府谷县志》在景致一节里记为："昆源曲水，在县城下即黄河"，没有"秦源德水"的记载。乾隆本《府谷县志》中荣河十景纪略是这样记载的："秦源德水，原志昆源曲水，以太从同，更之。史记称秦灭六国，自以为水德之助，因名德水，固以不宁唯是。盖秦地皆山，非此洪河，则关内之泾、渭、汭、洛无以泄，而关外之边地，旱则胥欲暍死，涝亦患襄山而为鱼。乃由甘肃省宁夏横城出口，湾回二千余里，至县之黄甫莲花缠进口，腾波涌浪，雷吼鲸喷。西至龙门，两岸皆崖石坚土，水从中流，无甚泛滥患，是名之为德也固宜。且河为众流之源，府邑又当河入秦之首，则德水之为秦源昭然也。昔咏歌家称昆源曲水，未免舍当前而涉公家。语曰秦源德水冠冕中，似较近耳。"

（三）"秦始皇封禅大河秦源德水"存疑

近年来，有人提出"秦始皇封禅大河秦源德水"之说，并进一步解释："封就是依皇帝的身份命名，禅就是由皇帝主持实施的祭祀。"对此笔者有不同的理解。

笔者查阅了各种词典和志书对"封禅"的解释，大意是："封禅"是古代统治者举行的一种祭祀天地的礼仪，"封"为祭天，"禅"为祭地，是指中国古代帝王祭祀天地的大型典礼。远古暨夏商周三代，已有封禅的传说。唐代张守节解释《史记》时曾对"封禅"进行了释义，大意是说在泰山顶上筑圆坛以报天之功、在泰山脚下的小丘之上筑方坛以报地之功。即《史记·封禅书》中的"登封报天，降禅除地"。

封禅还有另外一种解释，《白虎通》中说"或曰封者，金泥银绳，或曰石泥金绳，封之印玺也"，后世学者认为这是封禅过程中的仪式，是指将封禅所用的文书以"金泥银绳"或"石泥金绳"封之，埋于地下。太史公《史记·封禅书》也有"飞英腾实，金泥石记"之记。这可能是应用了"封"字封闭的本意，即用密封物或结扎物贴住、糊住、扎住等之意。

古人认为群山中泰山最高，为"天下第一山"，因此人间的帝王应到最高的泰山去祭过天帝，才算受命于天。在泰山上筑土为坛祭天，报天之功，称"封"；在泰山下梁父或云云等小山上辟场祭地，报地之功，称"禅"。这是古代帝王的最高大典，而且只有改朝换代、江山易主，或者在久乱之后，致使天下太平，才可以封禅天地，向天地报告重整乾坤的伟大功业，同时表示接受天命而治理人世。这就是说"封禅"是特指祭祀天地的仪式，并无分封、封赐或封名的含义。

历史上自秦始皇开始，至宋真宗止，共有六帝十次封禅泰山，武则天一帝封禅嵩山。

除历代帝王以外，西汉名将霍去病抗击匈奴作战中在狼居胥山举行了祭天封礼，在姑衍山举行了祭地禅礼，兵锋一直逼至瀚海，这就是历史上著名的"封狼居胥"。东汉名将窦宪效仿霍去病在燕然山刻石记功，史称"燕然勒石"。唐朝大将李靖在出击突厥时虽没有学霍去病"封狼居胥"，但骑马从狼居胥山下飞驰而过，其功也堪称"封狼居胥"。明成祖朱棣五次亲率大军北伐元朝蒙古败军，至狼居胥山下杀青牛白马祭告天地、勒石记功。

笔者认为：

1.把"封禅"解释为依皇帝的身份命名可能是混用了封字有分封、封赐之义，不符合这个特定词语的历史固有含义，"封禅"不等同于"分封""封名"。

2.秦始皇把河（黄河）更名为"德水"是史实，确有其事，但"秦源德水"不是源于秦始皇和秦王朝，按《府谷县志》记载推论"秦源德水"的称谓应始于清代康乾年间。

3."封禅"是一种祭祀活动，"封禅泰山"中的泰山是祭祀的地点，并不是被命名或封授的名称。历史上秦朝以来的帝王"封禅"大典只有在泰山和嵩山举行过，没有其他地方封禅的记载。假设当年秦始皇确实在府谷的黄河边上举行过"封禅"仪式，但如按词义只能解释为在德水祭祀天地，而不能理解成"封名为德水"，因此"秦始皇封禅大河秦源德水"的说法还须进一步斟酌推敲。

二、金朝时期府州与保德县的关系

雍正本《府谷县志》记述："金置府州，保德县隶焉。"康熙四十九年本《保德州志》记载："宋室南渡，金置附廓保德县，隶府州五十余年。"两册县志记载一致。所谓附廓县，也叫附郭县、倚廓县、倚郭县，是指没有独立县城而将县治附属于府城、州城、军城的县。宋元以后指州、路、府或军治所在地之县。

对府保两志上述之论，笔者有三方面存疑，一疑隶属，二疑真谬，三疑附廓在哪。

（一）先说隶属关系

近年有少数读者据"保德县隶焉""隶府州五十余年"之句断为是府州隶属于保德县，而多数读者则理解相反，认为应是保德县隶属于府州。

"金置府州，保德县隶焉。""宋室南渡，金置附廓保德县，隶府州五十余年。"笔者对这两句话的理解是：前一句意思是金朝设置府州，保德县隶属于之。这里的"焉"字为代词，相当于"于之"或"于此""隶焉"就是隶属于此。后一句意思是宋王朝南迁以后，金国设置附廓保德县，隶属于府州五十余年。

另外，从情理上分析，州在县之上，也应该是县隶属于州，而不应该州隶属于县。

（二）再议真谬

乾隆本《府谷县志》则对《保德州志》金代"隶府州，历五十余年"的说法提出质疑："时府州久入西夏，保德何忽越河而隶？然隶五十年余则甚谬。"

综合各种志书的记述，对府州在宋末元初的政权演变是这样描述的："宋府州，治府谷县，属河东路"，"金初府州及河滨金肃地，后废入西夏"，"金置府州，保德县隶焉"。为了便于对照，笔者把古年号统一换算成公元纪年，具体历史节点是：

公元911年后唐府谷县升府州，宋置府州领府谷县。公元1126年金灭北宋，折可求退守府州，三年后的公元1129年被迫降金，公元1139年西夏入陷府州。此后府州宋、金、夏、蒙古反复争夺，1156年以后金从西夏收复府州。蒙古1221年入兵葭州，1227年攻灭西夏，1234年攻灭金朝，1269年攻陷府州。特别需说明的是，1156年金从西夏收复府州后到1234年金灭亡这段历史笔者没有查找到更多史料信息。

从上述时间段上分析，金对府州的连续统治可能有两段时间：第一段是1129年折可求降金至1139年西夏入陷之间，历时约10年；另一段是1156年金从西夏收复府州至1234年被蒙古灭亡之间，历时70余年。

如果是在第一段时间保德县隶属府州管辖，只有10年左右的时间，"隶"或有可能，然"历五十余年"是不可能的。

如果是在第二段时间保德县隶属府州管辖，时间上乍看够"历五十余年"，但和《保德州志》1171年（金大定十一年）置保德县，1182年（金大定二十二年）升为州的记载相冲突，为什么重置保德县？况升为州后就不可能再隶别的州吧？升州之前的时间也只有20多年，和"历五十余年"还是有差距的。

几百年前的事后人真还说不清楚，也许史典上的记载有谬误。

事实上，在宋辽金元时期府谷现在的属地上不是仅存在府州一个地方政权，一段时期宋、辽、西夏、金、蒙古等多个朝代同时交集存在，地方政权、军事统治交错复杂，多国相互交织、相互并存。同一朝代分属不同的州县，治地住所也随着战事进程在不断推移变化。据柴玉文《府谷历史源远流长》一文考证：宋辽时期，府谷既有北宋麟、府、丰三州及各属县的地盘，又有辽国的范围，还有西夏银州的属地。金朝时期，金、西夏、蒙古并存。元朝统一后，有归陕西行省管辖的府州和建宁县，有归河东山西道分别由东胜州和太原府管理的辖地。

元初的芭州可能和府州有过同时存在，《读史方舆纪要·府谷县》："又芭州城，在县东北九十里。元初置州，属山西太原路。至元（1264—1294）初，省，入保德州，盖在今县境。"（见苏飞林《府谷、保德与旧芭州》）鉴于此，也有人提出"保德县隶府州"会不会是"保德县隶芭州"的实指呢？

苏飞林在《府谷、保德与旧芭州》一文中说："《保德州志》记载的隶府州五十余年，时间界限就很明确了，其开始时间在保德州省并隩州、芭州的至元二年（1265）。"笔者对此有两点疑问，一是前面谈到的，把隶属关系搞反了；二是"金置府州，保德县隶焉"，时间段应是在金朝，金1234年就被蒙古所灭，而省并隩州、芭州的至元二年（1265）已是蒙元统治时期，朝代对不上。

"芭州城"是一个地名还是一个州县名称？始于什么时间？资料上找不到更多答案。有关芭州的史料很少，正如苏飞林所说："史志所言芭州，究竟出现在什么时候？旧址在哪里？对于府谷、保德人来说，一直是个神秘的未知数。"笔者也期盼有更多的学者参与进来，把府谷的这段历史本来面目挖掘还原出来。

（三）附廓在哪

既为附廓县，是附廓在哪个州、府、军治？史料没有记载。按现有资料推测，应是原志有误。附廓在保德军或保德州治有两种可能，一是北宋景德二年（1005）由镇羌军改为保德军至公元1126年金灭宋，附廓在保德军治，但这一时期还应该是宋朝，而非金置附廓县；二是在金大定二十二年（1182）保德县升为保德州至1234年金朝灭亡，附廓在保德州治，但与州志记述时间不一致。

有的史料是这样记述的：北宋淳化四年（993）析置定羌军，景德元年(1004)改为保德军，取"民保于城，城保于德"之义命名。属河东路。金大定十一年（1171）置保德县为军治。二十二年升为保德州，蒙古宪宗七年（1257）废保德县入保德州。

还有这样记载的：宋室南渡，本境为金之府州属地。金大定十一年（1171）置保德县，金大定二十二年（1182）复升为州，设倚廓县，属河东北路。元宪宗七年（1249）将倚廓县并入保德州。

笔者倾向于后一种说法，宋室南渡初期金置保德县有可能隶属于府州一段时间，即1129年折可求降金至1139年西夏入陷府州，约10年时间。从1139年西夏入陷府州之后到蒙古1227年攻灭西夏，府州处于夏、金、蒙古纷争割据之地，失去了对保德县的领辖，于是1171年金重置保德县，1182年复升为州，设倚廓县。

2020年5月21日整理于府谷

府谷多元民俗文化的形成

谭玉山

府谷从殷商到隋唐的2500多年时间里，先后有獯鬻、鬼方、混夷、猃狁、戎、狄、林胡、匈奴、羌、鲜卑等十多个少数民族与华夏族错居杂处、交流融合。特别是魏晋南北朝时期，是我国历史上各民族大混血、大同化时期，陕北高原的民族融合达到了一个高潮。

在漫长的同化融合过程中，汉族与北方游牧民族、中原农耕文化与草原游牧文化相互影响，形成了府谷民俗文化多元化的特征，这一特征至今仍顽强地保留下来，体现在衣、食、住、行、岁时节令、民间艺术及地名、姓氏之中。

府谷长期是游牧民族的活动地区，现在的府谷人仍有崇武尚勇的彪悍气质。先民们雄强彪悍、崇武尚勇，娴于弓马骑射，有关史籍多有记述：

及安定、北地、上郡、西河皆迫近戎翟（狄），修习战备，高上气力，以射猎为先……名将多出焉。《汉书·地理志》

朔方榆林，地接边荒，多尚武节《隋书·地理志》。

被边之地，以鞍马射猎为事。其人之劲悍而质木。《宋史·地理志》

府谷旧郡志云："民不满十岁皆谙武艺，人尚义气，俗无浮华。"《大元一统志》

俗骄悍，喜功利，习骑射，尚忠勇。明《延绥镇志》

穿光板羊皮袄，包白肚手巾是旧时府谷人显著的衣着特征，这种衣裳尚白的风习来自戎狄民族。旧时，府谷男童衣服左肩上佩三角形红布袋，内装护身符、炮仗、麻钱等物，剃头时脑后留一绺头发，这与羌族习俗完全一样。匈奴、狄、羌族信奉原始的萨满教，特别是羌族崇拜多神，崇拜自然万物，府谷现在一些偏僻乡村的跳神、找楼子等迷信活动也来源于此，其法器羊皮鼓子（布）现在四川的羌族仍在使用。羌族崇拜天神、地神、山神、树神、火神等，有还愿、消灾、招魂、对死人卜地和超度，办喜事忌打破器皿和损坏其他东西，不能让戴孝者和寡妇当娶送戚，这些习俗在府谷城乡仍有保留。

府谷的年节习俗，也深受游牧民族的影响。府谷过去年初一有出行的习俗，早饭后全家出动，给牲畜鬃尾扎上彩色布，把牲畜赶出圈，让其自由撒欢，选择吉方敬神，祈求人畜平安，这一习俗便来自羌族。府谷城乡春节、元宵节和婚丧等活动中，有垒火笼（火塔）的习俗，这源自境内许多游牧民族对火的崇拜。据《古今艺术图》载："秋千，北方山狄之戏……"府谷人荡秋千的习俗也源于戎狄。

府谷烹饪以蒸煮为主。熬南瓜、熬土豆、炖羊肉、炖猪肉、烩菜、熬羊杂碎等，以炒米炒面为干粮，便极具游牧民族的饮食习惯。酸菜是现在羌族人的家常菜，府谷人将白菜、蔓菁等蔬菜洗净后腌酸，生食或煎炒、炖烩，这与羌族饮食习惯十分相同。面疙瘩和搅团是羌族的主食，现在的府谷人也喜欢食用。府谷人一直使用的羌盘，就是羌族先民烧制的餐具。

旧时府谷人多穴居土窑，也受狄人影响。新民镇过去称"镇羌堡"，其得名也与羌族有关，府谷人称父亲"大大"，就是来源于羌族。陕北是匈奴族聚居的重要地区之一，境内的一些姓氏应与匈奴有关。北魏孝文帝令鲜卑人改汉姓，皇室贵族拓跋氏改姓元，叱干氏改姓薛，口引氏改姓侯，去斤氏改姓艾，贺跋氏改姓何。匈奴人迁往内地后，贺赖氏改姓贺，独孤氏改姓刘，丘林氏改姓丘或林。在魏晋南北朝时期，长期居住在府谷大地的游牧民族，在华夏族文明的浇灌下，逐渐融入了汉族大家庭，尽管他们的族称从历史上消失了，但是他们的文化却深深根植于府谷大地，形成了府谷多姿多彩的地方文化。

黄甫地名浅见

姬宝顺

黄甫位于黄甫川，川在这里解释为河，川字左右两画为岸，中间是水。黄甫与黄甫川是先有地名后有了河名，还是先有河名后有了地名？我们知道，中国有很多地名与河名有关联。如汉中、汉阴、汉阳因汉江得名，汴梁（今开封）因汴水得名，渭南因渭河得名。我以为黄甫也是因黄甫川得名。

这个问题本来是不需要说的，但现在应该说一下。因为有人把黄甫写成"皇甫"了。府准路上高梁沟竖立的指示牌上就写着"皇甫"；去年我应黄甫书记马有林之请写了《黄甫赋》，《府谷报》登出来后"黄甫川"就成了"皇甫川"；在其他一些文字材料上也能见到把黄甫写成"皇甫"的例子。

查地图可知，府谷以外叫黄甫的地名也不少，如淳化县胡家庙乡黄甫村，扶风县新店镇黄甫村；叫皇甫的地名就更多了，其中最著名的有榆林籍大作家柳青曾经落户的长安县皇甫村。没听说这些地方把黄甫与皇甫两个地名互相混淆过。

　　20世纪50年代初期，黄甫川韩家湾就设有水文站，可能因为韩家湾水文站工作人员的笔下之误，结果从那时起，黄河水文系统的文件中就有了"皇甫川流域"的表述，这是一个错误。府谷人有资格有责任去纠正这个错误，为黄甫正名。即使纠正不了别人，也不能跟在别人后面混淆视听。现在有人竟然盲目附和，说黄甫与皇帝有关，先就叫皇甫，后来才成了黄甫。试问，与哪位皇帝有关？与皇帝有关的传说倒是有，康熙皇帝从段寨过黄河，路经太家沟吃过黄绵甜瓜，但并没有留下与黄甫地名有关的说法，况且黄甫地名早就有了。另外黄甫祁家是朱元璋后人，隐姓避难居黄甫，祁家自己连朱姓都不敢承认，其他人也不知道祁家来自皇家吧！可见也不会由此演化出"皇甫"的地名。

　　黄甫因黄甫川得名，那么黄甫川这个名字啥时有的呢？最迟应在明朝以前。黄甫川在汉代叫湳水，那时就已经很有名。汉武帝征匈奴，为了安置归附的匈奴人，于元朔四年（前125年）分出上郡东、北部和太原郡西部，置西河郡，辖36县。范围包括今鄂尔多斯境东部，山西吕梁、芦芽山以西，陕西宜川以北地方。其中最富庶的两个县是富昌（县城在今古城一带）、美稷（县城在今纳林北），富昌是西河郡早期首府所在地，美稷以盛产黍稷（糜谷）驰名。

《水经注》云：湳水出西河美稷县，又东经西河富昌县城南。看过一个资料说当时湳水从城下而过，青竹碧水，舟楫卧波，当时不敢相信。现在想来，近三四十年间，黄甫川就由水深齐腰变成干河，变化巨大。两千多年前，黄甫川水草肥美，碧波荡漾，也是可以相信的。《水经》成书于东汉，到北魏晚期郦道元注《水经》时，已经需要对湳水进行解释，说明在北魏时“湳水”之名已鲜为人知。是不是已经叫黄甫川了？《水经注》未有提及，但不排除那时在民间已有黄甫川之名。明朝天顺（1457—1464）年间黄甫置堡，当时叫黄甫川堡，而不是叫黄甫堡，这也说明此前早已有了黄甫川之名，同时也说明黄甫因黄甫川得名。

抗战纪实

03

马占山陕北抗战事略

云君

　　陕北府谷地区枕长城而带黄河，历来为关陕锁匙，秦晋咽喉，西北门户。抗战期间，一支东北挺进军驻守在此，以黄河为防线，坚守陕北和伊盟八年之久。挺进军的司令，便是打响武装抗日第一枪的传奇人物马占山将军。

马占山将军

抗战先锋 壹

马占山生于1885年,字秀芳,祖籍河北丰润县。乾隆末年,马占山的祖父母逃荒到关外,到后来的吉林省怀德县毛家城子村炭窑屯落户务农。

马占山从小没读过书,七八岁就出来给当地大地主姜顺牧马。1903年,马占山放牧时丢了一匹马,被姜顺诬陷偷盗,抓入官府,马父东拼西凑银两才把马占山赎出。回来后的马占山愤然离家出走,到怀德县和内蒙古交界的黑虎山占山为王。日俄战争以后,马占山等人接受怀德县衙收编,成为地方保安部队,1908年被正式编入清军。

马占山身高只有一米六五,但作战勇猛,能在疾驰的马背上弹无虚发,能在黑夜中分辨方向,还有"镫里藏身"的绝招,很受清军统领吴俊升赏识。吴俊升后来成为张作霖奉系第三号人物,马占山也随之一路高升,1930年调任黑河警备司令,统辖黑龙江沿岸十余县城防务。

"九一八"事变后,张学良委任马占山为黑龙江省代理省主席兼东北边防军驻省副司令。1931年11月,马占山率部在省城齐齐哈尔南边的嫩江哈尔戈大桥阻击日军多门师团,毙伤日伪军近万人,打响中国武装抗日第一枪,重挫日军嚣张气焰,鼓舞了全国军民士气,史称"江桥抗战"。激战十六天后,马占山部撤到海伦一带,孤立无援,粮饷匮乏,每名士兵只剩下三枚子弹。

1937年组建东北挺进军颁发荣誉奖状

日军一边以两个师团重兵夹攻马占山，一边派出张景惠和板垣征四郎等人进行诱降，谎称同意划黑龙江为自治区、由马占山任省主席、日本无领土要求、不驻军等条件。马占山后来回忆说："我看不行了，非想法子不可，不缓和一下，有全军覆灭的可能。我于是决心假投降，同小鬼子较一较智能。"日军为了拉拢马占山，委任他为伪黑龙江省省长和伪满军政部总长。

马占山等部队获得休整后，4月7日携带黑龙江省金库资金和大量军火离开齐齐哈尔，一路北上黑河，通电全国宣布再次抗日。联合吉林的李杜、丁超，海拉尔的苏炳文等人，组成东北抗日救国联合军。到1932年，东北全境沦陷。12月，马占山带领数十名部下冲出日军重围，前往海拉尔和苏炳文会合，退入苏联。

东北抗日大部队从苏联绕道新疆回国，马占山和苏炳文游历了苏联、波兰、德国、意大利、印度等国，于1933年6月回到上海。蒋介石提出让他出任新疆省主席，整顿新疆的东北部队。马占山婉言谢绝，到天津和儿子马奎、女儿马玉文等会合，定居英租界。

日本特务闻讯，几次意图暗杀马占山。最凶险的一次是在1935年大年三十，七男一女暗杀小组在马占山住宅隔壁租了房子，准备趁除夕夜街上鞭炮声大作时，从屋顶进入马家，实施暗杀。其中一个崔姓中国青年，敬仰马占山是抗日英雄，到马家告知暗杀计划。天津警方接报后，在除夕夜将暗杀组一网打尽。

西安事变后，马占山避居天津。在张学良、杨虎城《对时局通电》上，马占山第一个在张、杨后面签名。他对张学良说："现在国难当头，对于蒋介石如果加以杀害，则全国将陷入无政府状态，恐怕造成四分五裂的局面，反于日本人有利。"

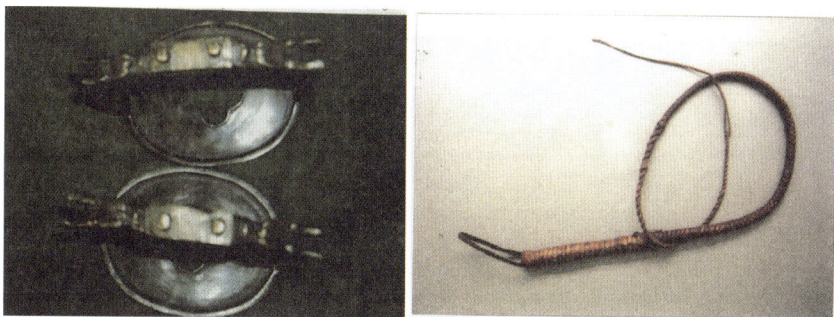

马占山将军使用的龙凤马镫和马鞭

东北挺进军驻暖水的骑兵部队

挺进绥远　　　　　　　　　　　　　　　贰

　　1937年，"七七"事变爆发后，日军从大沽口登陆包抄天津，马占山乘坐最后一班列车撤离。8月，蒋介石委任马占山为东北挺进军司令，兼理东北四省招抚事宜，将中央骑兵第六师刘桂五部和绥远国民兵李大超部拨给马占山指挥。

　　马占山赶到大同组建挺进军司令部，很快又收编了十多支伪军部队。连蒋介石也不得不惊叹他的号召力，说"这马小个子还真的不得了"。

1937年10月，东北挺进军参加绥远抗战，在归绥（呼和浩特）与日军激战四天四夜，随后转往五原。年底，挺进军渡过黄河南下伊克昭盟地区，负责"警卫伊盟，兼守河防，扼制蒙奸"。马占山利用骑兵优势，快速机动，不断翻越大青山偷袭敌后补给线。绥远地区许多抗日武装都愿意投入马占山部下。马占山副官张凤岐后来回忆说："老将十天半月衣不解带是常事，衣服里虱子滚成蛋也顾不上，打到哪里歇息到哪里，破庙、场地、草滩等都是宿营的地方。"

1937年10月，挺进军新骑三师先行到达府谷县哈拉寨。不久，黄河东岸的山西偏关、河曲、保德等县先后陷落，陕北震动。1938年2月28日，日军占领府谷县黄河南岸的山西保德县城，府谷县城随即遭到日军飞机的狂轰滥炸。3月2日拂晓，日军第二十六师团黑田支队在飞机大炮掩护下，从府谷段黄河下游马连圪尖、高家湾村边的岸口强行渡河，国民党二十二军五一七团拼死阻击。当日中午，日军进入府谷县城，烧杀抢掠，焚毁房屋千余间。国民党二十二军后续部队赶来，几路夹攻，猛烈反击。当日下午5时，日军抵挡不住，弃城逃回黄河南岸。

这是抗战中全陕西省千里黄河防线唯一一次被日军突破，也是日军仅有一次占领陕西县城。随后，二十二军五一七团乘胜渡过黄河收复保德，傅作义部也发动攻势，反攻绥远。

1938年3月，为配合傅作义和高双成，马占山率部趁夜渡过黄河，奔袭托克托、萨拉齐、武川、凉城、关河口等地，避实击虚，攻敌要害。3月16日攻克河口镇，17日克复托克托，生擒伪军骑兵团长门树槐，迫使其全团反正。同日刘桂五骑兵师又进袭萨拉齐火车站，破坏铁路，焚烧仓库，切断了日军运输动脉平绥铁路，一度逼近日军老巢张北。

1938年4月，日军大为惊恐，停止南下攻打山西的计划，调集两个师团和伪蒙军，从大同、归绥、包头、百灵庙等地，向挺进军包围过来。东北挺进军在大青山与日军苦战七八个昼夜，终将日军击退，并收降伪军白玉昆部。反攻偏关、保德的日军担心后路被截，不得不撤退到托克托和萨拉齐一线，中国军队先后收复了保德、偏关、河曲等县。

连日转战中，挺进军也伤亡巨大，马占山旧病复发，腰腿剧痛，几不能起，仍旧坚持指挥战斗。4月20日，挺进军突围到百灵庙西南的黄油杆子村，准备南渡黄河，日军百余辆铁甲车和卡车运载千余步兵追击上来。两军血战两天两夜，阵地上尸积如山，骑六师师长刘桂五壮烈殉国。

　　黄油杆子之战，是马占山自江桥抗战后最惨烈的一场战斗，挺进军伤亡4000余人，毙敌1400余人。马占山的警卫排长和贴身警卫全部牺牲，随从指挥官也被炮弹震晕。最后突围时，马占山身边只有数人。其余突围部队陆续摆脱敌人，渡过黄河，到达哈拉寨（今称哈镇）。4月26日，慕新亚凉城反正1200余人投到东北挺进军，开进沙梁驻防。

　　这年5月，第一个深入敌后考察中国抗战的美国驻华武官卡尔逊来到哈拉寨，拜访了马占山和东北挺进军，将所见所闻写入《中国的双星》一书中。

兼守河防 叁

　　哈拉寨位于陕北府谷县和内蒙古准格尔旗交界，地处陕商北上蒙古和俄罗斯的要道，清末民初时发展成为商贸重镇。

　　马占山早年落草黑虎岭，后来驻守黑河，又担任黑龙江省主席，崇尚黑色，"哈拉"的蒙古语意思就是"黑"，于是就选定哈拉寨作为根据地，司令部设在寨内的赵家大院。

马占山家眷在哈拉寨住过的赵家大院

从此东北挺进军担负起陕北、晋西北和绥远接壤的黄河大拐弯南岸防务任务，驻守府谷北部哈拉寨、麻地沟至准格尔旗一带，向伊盟出击。府谷海子庙到神木贺家川，由高双成二十二军防守。贺家川以南直到延川，属于陕甘宁边区，由八路军防守。何柱国的骑二军驻守神木，邓宝珊部守榆林，傅作义守五原，中国军队互成掎角之势，日军始终未能打破这一阵势。

日军占领归绥、包头后，扶持德王和李守信为首的伪蒙疆傀儡政府，胁迫引诱蒙古上层分子卖身投敌。为了稳定伊盟形势，1938年12月，马占山率部突袭达拉特旗王爷森盖的伪蒙军。激战竟日，森盖抵挡不住，仓皇逃往康王府。马占山乘胜追击，攻克康王府，缴获大量装备，活捉伪蒙康王，解送重庆。

当时府谷北边的准格尔旗札萨克（旗长）奇治国年幼，大权被两名协理奇文英和奇凤鸣分别掌握。这两人参加了伪蒙政权的成立大会，暗中投靠日军。马占山闻知奇凤鸣的部下公开投日后，派出部队突然包围神山，抓获奇凤鸣，押往哈拉寨。奇凤鸣惶恐不安，在路上吞服金戒指自杀。奇凤鸣的侄子奇子祥闻讯，带领部队逃过黄河公开投日。

奇文英虽未公开投日，但也蠢蠢欲动。1938年，奇文英一些部下和挺进军发生冲突，随后过河投敌。马占山觉得局势不稳，便将年幼的札萨克奇治国迁到距离哈拉寨百里的神山，防止被日伪劫走。1940年，奇治国成年，马占山为他举行了接印就职典礼，迫使奇文英交出札萨克印信。马占山在典礼上对全旗军政人员说：“从今天起奇治国就是你们准旗的札萨克，你们要听他的话。”

1943年夏天，绥远发生了蒙古民众反抗陈长捷驻军压迫的"三二六"事变，包头日军和奇子祥、森盖伪军趁机偷渡黄河，占领准格尔旗渡口七卜窑子，马占山立即派出大部队迎击。为解除后顾之忧，马占山命令奇文英全军配合出击。奇文英却只派出四五百人应付差事，暗中与日军联系，把部队集结到神山，准备前后夹攻马占山。

正当奇文英自以为得计时，马占山忽然派兵包围神山。奇文英大惊，急忙派人找马占山"释疑"。马占山说："回去告诉奇文英，迅速觉悟，调集的军队各归原地，所筑工事一律拆除。否则，两天之内，神山将变成一片焦土。"奇文英慑于马占山的军事压力，不得不收敛起来，此后不敢再轻举妄动，最终也打出抗日旗号。

到6月15日，挺进军攻克七卜窑子，将日伪军赶到黄河对岸。

仅1937年到1943年六年间，挺进军就和日伪军激战三十余次，包括沙拉虎滩战役、关河口战役、梁家圪堵战役、新召附近战役、绥远和林战役等。挺进军利用骑兵优势，经常过河偷袭日军后方，小规模拉锯战和游击战则不计其数。

每年冬天，黄河封冻，日伪军就开着汽车过河袭扰，挺进军武器不如日军，便退往沙漠和山区，利用地形和植物掩护，不断打击日军，日军优势无法施展，更不敢夜战，都在傍晚撤回黄河对岸。到夏天，中日军队隔河相望，互射冷炮冷枪。

挺进军浴血奋战，坚守晋陕蒙交界地区，遏制了日伪渡过黄河南侵关陇的企图，促使伊克昭盟蒙古上层最终投入抗日阵营一边。

延安养伤 肆

1938年5月，马占山去重庆汇报工作。回程经过西安时，有位东北抗战的老部下张瑞山送给马占山一只双筒猎枪。马占山一行走到距离延安五十里的甘泉稻草铺附近，天气放晴，路边草丛中不时有山鸡出没。马占山心情大好，下车打猎，随着几声枪响，山鸡应声而落。正当众人欢声笑语时，忽然一声巨响，马占山的枪筒猝然爆炸，副官张凤岐急忙跑上前去，发现马占山左手掌心已被炸开，食指和拇指被炸飞，中指折断，血流如注。马占山因为失血过多，已经不省人事。张凤岐急忙掏出手帕捆住马占山流血的手指，众人把车上货物卸下来，扶马占山上车，往延安疾驰而去。

挺进军交际科长杜海山在路上和中共中央交际处长金城取得联系，车行到延安南边二十余里时，金城亲自乘坐救护车赶来，将马占山直接送往延安人民医院。中共中央特派王康博医生和专家会诊，认为马占山伤势严重，如不立即采取手术，会引起更大的危险。中共中央指示王康博将处置方案告知马占山，征求他的意见。马占山同意手术，于是王康博亲自主刀，手术非常顺利，随后马占山身体日渐恢复。

养病期间，共产党中许多新老朋友都来医院探望马占山。等马占山身体恢复后，陕甘宁边区政府为他举行了欢迎大会，延安党政军各界人士、东北籍军政人员和爱国人士几乎全都出席。毛泽东在会上说："我们真诚地欢迎那些始终如一、抗战到底的民族英雄……马将军年逾半百，仍在抗日的最前线与敌周旋，这种精神值得全国钦佩。"

马占山对延安各界的欢迎表示感谢，说："从八年前的江桥抗战，到今天的抗日战争。我们一定要抗战到底！奋斗到底！打到鸭绿江边，粉身碎骨，在所不惜……今天，不管什么人，只要他真正抗战，一心打日本，我们就跟他一起干，等把日本打垮之后，把小鬼子赶出中国，我们的任务完成了，我自会把军衣一脱，做一个普普通通的中国老百姓。"9月份，马占山痊愈，回到哈拉寨。

此后毛泽东和马占山多有书信往来，挺进军和八路军和睦相处，联合抗日，八年中从未发生摩擦。东北挺进军主要机构分为八大处，其中军械处处长邹大鹏（新中国成立后任政务院情报总署署长）和特务营营长邵中复，还有李士廉、关梦觉、余炳然、栗又文等人，都是中共党员。他们在挺进军中建立中共支部，开展统战工作，这些活动都受到马占山的暗中支持。

兴利除弊 伍

东北挺进军中有许多收编的伪军土匪，还从伪军军官中提拔了一批骨干，伪军团长门树槐改编后仍任团长，伪军团长井得泉、慕新亚（新中国成立后成为著名中医正骨专家）提拔为师长。马占山草莽出身，深知这些人难免军纪涣散，滋扰百姓，所以特别注重军纪，常以民族大义激励部下爱国爱民，团结抗日，收复河山。

挺进军军规严厉，驻地夜间宵禁，严禁吸贩鸦片，凡有抢劫财物、奸淫妇女、私通敌伪或投降日军行为者，就地正法。军法处下设纠察队，专门监督军人风纪。马占山本人也经常走街串巷，明察暗访，了解民众疾苦。

马占山的一名副官和伙夫偷买烟土，被发现后当场击毙。有支部队催征粮草，对老百姓非打即骂，搅得地方上叫苦连天。百姓找马占山申诉，第二天这支部队即被缴械解散。

有次，准格尔旗的十八名骑兵到哈拉寨结算草料款，被一名特务连长看到，在准旗骑兵回程中拦路抢劫。这名连长归队后，即被逮捕处决。又一次，马占山的卫士李树田和一名士兵跑到准格尔旗抢劫，军法处将那名士兵逮捕处决，李树田跑到黄河边，企图过河投敌。马占山命令骑兵火速追击，当场斩杀李树田。首级交验后，悬挂在路旁戏楼上示众。

训练骑兵马上技术

　　1939年春，骑兵旅旅长韩宇春为父办丧事，向驻地民众无偿征派大量猪羊鸡肉，大摆宴席，造成很坏的影响。马占山假托召开会议，邀请韩宇春赴宴，趁机将其逮捕，就地正法，一同被处决的还有骑兵团长白玉昆等数人，这在部队中引起很大震动。

　　挺进军于团长，暗中投靠日军。马占山知道后，说要请于团长回来报告敌情，设宴庆功。酒过三巡，马占山摔杯为号，一名鲁姓副官赤身将其当场擒拿。

因为挺进军军纪严明，秋毫无犯，买卖公平，所以"军民情感融洽，精诚无间"，每逢马占山部出击，军粮摊派运输和伤员转运等事宜，百姓无不踊跃响应。

1940年，国民政府任命马占山为黑龙江省主席。哈拉寨驻扎了挺进军司令部和黑龙江省级机关，官兵上万人，先后建起被服厂、造纸厂、军鞋厂、医院等，邻近市县的商号纷纷迁来，寻求中国军队的保护。

1938年哈拉寨街景

马占山印盒

收复百灵庙徽章

哈拉寨常住人口达到两万，繁荣程度在晋陕蒙边地首屈一指，更有"南有重庆，北有哈镇""声闻胡地三千里，鸣冠晋陕十六州"之说。寨内两条大街上商铺林立，大的商号有"三和恒""恒元成""义和成""保和成""德胜全"等三十多家，小铺店更是满街林立，酒坊、炮坊、糖坊、醋坊、粉坊、染坊等小作坊到处都是。时有"七十二道油梁上梁杠，一年四季响三响"之称。意思是油坊生意红火，光油梁就有七十二道，出油频率高，油梁磨损快，更换时要放三响炮，油坊几乎天天换梁杠，一年四季都能听到放三响炮。

马占山要求一律公平买卖，坑蒙拐骗售假者，当街砸毁摊位，驱逐出境。马占山对家人要求很严，人人都要动手干活。他自己的衣服饭菜，都由妻子亲手制作。但他对老百姓没一点官架子，老百姓亲切称他为"老头儿"。

哈拉寨一带教育资源匮乏，马占山慷慨解囊，捐助十五万元，在哈拉寨修建了一所完全小学，校内建有"秀芳图书馆"和"中山纪念堂"。马占山还积极鼓励女孩上学，为上学的女生发放一套免费校服。战乱贫困导致陕蒙一带孤儿增多，马占山专门在哈拉寨惠家沟温家塔村办起育婴堂，负责收养被遗弃的婴儿和孤儿，帮助无子女夫妇抱养婴儿。马占山还组织部队兴修哈拉寨正川和惠家沟河口堤坝，保护大片农田免遭河水侵蚀。

抗战期间，日军飞机空袭哈拉寨数次，造成民众伤亡和财产损失，马占山都专门报请重庆国民政府给予补偿。

拳拳报国

为了纪念阵亡将士，马占山在哈拉寨修建了抗日阵亡将士纪念塔和忠烈祠，供奉阵亡将士牌位，忠烈祠前有碑亭，碑碣正面是马占山亲撰碑文，详述阵亡官兵英勇事迹，两侧有傅作义题字"浩气长存"和邓宝珊题字"碧血有痕留战垒，青山无语拜碑亭"。每逢春节清明，马占山必亲往祭拜悼念。

1941年冬天，马占山同邓宝珊去红石峡赴宴，观赏了摩崖石刻。马占山遥望河山，想到祖国山河破碎，感慨万千，提笔写下"还我河山"四字，让人刻于石壁。次日，马占山觉得酒后手书不够理想，于是再写一幅"还我河山"。付刻时，工匠将两幅字都刻于红石峡翠然阁以西的悬崖上，以表当地民众对马占山的敬意。至今两幅"还我河山"石刻仍在。

红石峡"还我河山"雕刻

　　挺进军总部编写军史时，马占山在扉页上又写下"还我河山"四字。"河"字里的"口"没有封口，有人问原因，他说："目下倭寇猖獗，国土残缺。他日驱敌出境，打回东北，方能封口。"其爱国之忱，跃然纸上。

　　1945年6月，马占山被任命为第十二战区副司令。8月15日，日军投降。这天恰逢哈拉寨河神庙庙会。下午3时，庙会上演传统武戏《八大锤》，当演到岳飞大败金兵的情节时，突然停了下来。马占山走上戏台扬手高呼："日本帝国主义宣布无条件投降了！中华民族胜利了！"

现场顿时万众欢腾，马占山作了即兴演讲，说："现在日寇投降了，抗战胜利了，东北挺进军要回东北老家了。东北是我的第一家乡，哈拉寨是我的第二家乡。今后同胞们如果到东北去，找到我马占山，都有饭吃。在哈拉寨八年中，老百姓为本军供给粮草，日寇飞机炸死了我的同胞，炸毁了同胞房屋，这是我马某对不住大家的地方。"

三天后，8月18日，东北挺进军开始撤离，取道河口、托克托东返，哈拉寨民众成群结队前来欢送。挺进军给民众留下了很多衣物、被褥和麻花等食物，说："我们在这里八年打扰你们了，我们要走了，你们搬回家去用吧。"哈拉寨民众专门在要道口树立一块《马公德政碑》，记述马占山的事迹。

1946年，马占山调任东北保安副司令，他把挺进军交给傅作义指挥，自己避居北平。后又被委任为松北挺进军司令，去沈阳"到职视事"，1948年10月称病返回北平。1948年底，马占山应中共要求，劝说傅作义接受和平条件，促成北平和平解放。

1950年6月，毛泽东邀请马占山出席全国政协会议，但他因身患重病无法出席。11月29日，马占山病逝于北京寓所，终年65岁。

原载《各界》杂志2018年第5期，图片由汤锦宁提供

云君，大名王元，1974年生于河北唐山，文史研究者，现供职于西安。

抗日英烈刘桂五

韩宽厚

刘桂五　拍摄于"西安事变"前后

在陕北府谷县哈镇有座"忠烈祠"，是抗日战争时期，驻守哈镇的马占山将军为"妥忠魂""励士气"，祭奠在"九一八"事变以来牺牲在抵抗日军侵略的战场上的部属之英灵而建造的。祠内的祭台上，数百个灵牌井然排列。各书一至五名将士官佐姓名。中间最高层只列一个较大的灵牌，上书"东北挺进军骑兵第六师师长中将刘桂五之灵位"。

刘桂五是谁？从历史教科书到所见到的有关抗日战争的文献中很难找到他的名字。就是在2005年至2006年为纪念中国人民抗日战争暨世界反法西斯战争胜利六十周年期间，各类报刊连续刊登缅怀抗日战争中牺牲乃至未牺牲的做出巨大贡献的英烈和英雄的文章中也未见到过他的名字。

刘桂五与夫人刘淑贞合影

刘桂五参加东北挺进军时在准格尔旗大营盘时任骑六师师长

也许是历史的推移冲淡了人们的记忆，也许是资料的局限使他鲜为人知，六十多年过去了，作为抗日战争中最早牺牲的中国军队高级军官之一，我们应当记住他。

刘桂五，1902年7月4日生于热河省凌南县（今属辽宁省朝阳市）六家子屯八家子村的一户农家，23岁到宋哲元部当兵。由于在战斗中显露出卓越的军事才华，27岁时便担任了东北军上校骑兵团长。

西安事变后，东北军被整编。1936年12月14日，刘桂五被提升为国民革命军骑六师师长。

1937年8月20日，曾在"九一八"事变后组织江桥抗战，打响中国军队抗击日本侵略第一枪的抗日名将马占山奉命在大同组建"东北挺进军"，刘桂五同所部骑六师作为主力部队编入"东北挺进军"。当时的"挺进军"只有骑六师和李大超的绥远国民兵。9月，刘桂五随马占山奔赴绥远抗战。从1937年9月到11月中旬的绥西抗战中，刘桂五率领骑六师冲锋陷阵，英勇作战，给日军和伪蒙军队以沉重打击，成为挺进军的中坚，同时为马占山收编伪军和地方保安部队，扩充兵力，发挥了主力骨干作用。

1937年12月，马占山奉命"警卫伊盟，兼守河防"，拒敌人于黄河以北，马占山被加任为"东北挺进军"总司令，该部已有骑三师（井得泉任师长）、骑五师（慕新亚任师长）、抗日先遣军（白凤翔任司令）以及多支游击军，成为一支较大的部队。但三、五师都是收编的伪军和地方部队，只有刘桂五的骑六师战斗力最强。

12月16日，刘桂五率部彻底击溃伪蒙军森盖林沁部，森盖林沁率残部逃逸。

12月底，在准格尔旗大营盘五天激战中，刘桂五率部在骑三师配合下，击溃日伪步、骑、炮兵数千人，击毁敌装甲车20余辆，刀劈日军指挥官，粉碎了蒙古王公贵族投敌的阴谋。（其时，骑三师主力已到哈拉寨安排挺进军司令部长期驻扎的事宜）

行军中的刘桂五

1937年3月16日至17日，刘桂五率部攻占萨县车站，截断绥包交通。此役由于是敌后进击，有力地牵制了日伪军力，迫使侵入晋西北的日军仓皇撤离。配合何柱国、高双成部收复偏关、河曲、保德，粉碎了日军西侵陕、甘、宁的阴谋。4月10日夜，刘桂五随马占山袭击平绥线察素齐车站，毙敌百余人，焚毁敌人辎重，交通器材，使敌人平绥交通中断。

由于挺进军接连获胜，加上马占山注重策反教育，不少蒙伪军起义投诚，也有不少自发的抗日义勇军接受整编，挺进军到1938年已发展到数万之众。

马占山部的发展壮大，使日军惊恐异常，从大同、绥远、包头、百灵庙各地调集酒井、冈田等联队的日军劲旅和各地伪军实行"围剿"。1938年4月15日，马占山率部迫近日军巢穴张北，日军调集4个师团迎击。双方激战五昼夜，马部给敌人以重创，但自己亦弹粮将尽，由武川向西撤，以待整军再战。

1938年4月20日夜，马占山率部转到固阳县黄油杆子一带，连日激战人困马乏，马占山本人又发重感冒，当夜宿黄油杆子村。21日拂晓，日军将马占山部包围在黄油杆子村。敌人100余辆汽车和50多辆铁甲车载数千鬼子，又有3架飞机配合，企图一举歼灭马占山部，司令部已陷入敌人重重包围。马占山下令四面抗击，以分散敌人兵力。

刘桂五率骑六师利用骑兵优势突破敌人包围圈，从背后迅猛打击包围司令部的敌军。但敌人人多，击退一批，外围敌人又快速补充上来，包围圈难以突破。此时，马占山亦组织反冲锋，里外夹击，终于撕开裂口，马占山单人匹马乘势突出重围，但因战斗激烈，连卫士长也未发现。刘桂五冲进司令部却找不到马占山，又被重新围上来的敌人堵住，不幸中弹受伤。战士们见师长受伤，急忙从四面向他汇集援救。日军见状，意识到他的重要性，遂集中力量企图生擒。为此，数名战士牺牲，刘桂五喝令战士不得援救，终因伤势过重壮烈牺牲。

刘桂五牺牲后，为夺取遗体，双方展开激烈的白刃战。此役毙敌千余，击毁敌装甲车20余辆，骑六师几近全部壮烈牺牲。

刘桂五牺牲后，被追授陆军中将军衔。

5月22日，刘桂五遗体运到西安，西安各界成立刘桂五将军治丧筹备处。国共两党共同公祭这位为国殉难的烈士。

蒋介石的挽联是：

绝塞扫犯夷，百万雄师奋越石；
大风思猛士，九边毅魂拟睢阳。

故少将桂五

官职	籍贯	简历	死事年月	死事概要
骑兵第六师少将师长	龄年三六	历届山军训团第二期卒业，历任排、连、轮、团、旅长等职。	二七年四月 地点绥远黄油干子	于率部夜袭武川之际，与优势之敌寇遭遇，又发生又有不幸，身力竭敌重增援转战，于黄油干子，终于壮烈殉职，仍以浴血手枪苦战，敌多名，身终于壮烈殉职。

刘桂五

东北挺进军哈拉寨警卫营士兵一日三餐，定量供应

朱德、彭德怀的挽联是：

贵军由西而东，我军由南而北，正期会合进攻，遽报沉星丧战友；

亡国虽生何乐，殉国虽死犹荣，仁看最后胜利，待收失地奠忠魂。

《西安日报》《国民日报》《新华日报》都连续报道了刘桂五牺牲的消息和生前事迹。

1942年，马占山在驻地哈拉寨修建"忠烈祠"。刘桂五的灵牌最大且安置于数百灵牌的正中。全国解放后，刘桂五的事迹却被湮没。

1961年7月25日，陕西省人民委员会下发【民字074号】文件，追认刘桂五为革命烈士。其灵柩也迁入西安南郊的革命烈士陵园。

黄油干子一役，粉碎了日军全歼马占山部的企图，"东北挺进军"在伊盟站稳了脚跟，使保卫大西北、拒敌于黄河以北成为现实。抗战中，东北挺进军的有效坚守和伺机主动出击，为保卫大西北、保卫陕甘宁做出巨大贡献。

在西安事变70周年、抗战胜利60周年后不久的今天，追忆那些为民族独立和自由而英勇献身的先烈，我们不应该忘记刘桂五将军。

2018年11月6日，《人民日报》在第十版刊登题为《刘桂五：烈士无畏，殉为家国》的文章

2014年9月，经党中央、国务院批准，刘桂五被列入民政部公布的300名著名抗日英烈和英雄群体名录。2018年11月6日，《人民日报》在第十版刊登题为《刘桂五：烈士无畏，殉为家国》的文章，深切悼念。（此段为编辑所加）

此文作于2005年，图片由汤锦宁提供

慕新亚传奇

谷子

慕新亚将军 1938年5月22日在哈拉寨灵杰寺
由卡尔逊拍摄

　　1938年5月，赴中国考察抗战情况的美国海军陆战队上校伊文思·卡尔逊来到府谷哈拉寨。在这里，卡尔逊拜访了著名的抗日将领马占山和由他指挥的挺进军。到达哈拉寨后的第三天，他见到了一位刚刚率领一团伪蒙古军骑兵反正归来的青年军官，并把此人的传奇经历写进了《中国的双星》中。

根据卡尔逊的记载，这位名叫Mo singya的军官时年28岁，8年前毕业于辽宁的一所军事学院。1931年"九一八"事变后，他曾经和一批同伴来到东北参加抗日活动。由于弹尽援绝，他抱着一有机会就弃暗投明的想法加入伪军。凭借自己的军事才能，他成为军校的教官，并很快被提升为骑兵团团长。1938年4月26日，当他得知马占山的一支部队接近了自己的防区后，立刻决定率部队反正，率领部下先杀死了随军的日本顾问，又伏击了前来增援的敌军，然后迅速转移至附近的山区，与马占山的部队会合。反正后，他被任命为骑兵师师长。这位军官就是慕新亚，他发动的"凉城反正"战曾经轰动一时，此后，作为一名中级军官，他还曾活跃过很长一段时间。慕新亚这个名字，早年间在故乡哈拉寨忠烈祠前的石碑上曾经见过，与傅作义、邓宝珊、郭殿臣、王鼎三、吕纪化同列一碑，知其为马占山将军部下，骑五师师长，仅此而已。近年随着对家乡历史的深入研究，特别是对马占山将军及东北挺进军的研究，对慕新亚其人才有了比较全面的认识。

早年经历

慕新亚，原名汤慕伊，字吉平，满族正白旗人，1911年生于辽宁省锦县双羊店四方坨村。共有兄弟五人，本人排行第三。1916年，年仅6岁入本村私塾读书，1921年11月高小毕业，次年入锦州市城关中学读书，于1924年毕业。当时家中为他定亲，因不满包办婚姻，慕新亚离家出走，经过二哥汤新华(字吉和，此时是郭锡鹏部下的小军官)介绍，加入东北军郭锡鹏的部队，当了郭锡鹏的马童，因为聪明伶俐，被郭锡鹏送入东北讲武堂第十期骑兵科学习，报名时使用的名字还是汤慕伊。在讲武堂期间，慕新亚结识了高他一级的萧军(原名刘鸿霖)，认为这个人敢说敢讲，两人关系不错，没想到后来还成了患难之交。

慕新亚在讲武堂期间学习努力，不怕吃苦，成绩优异，曾在学兵中担任模范连连长，1930年毕业后，回到郭锡鹏手下。

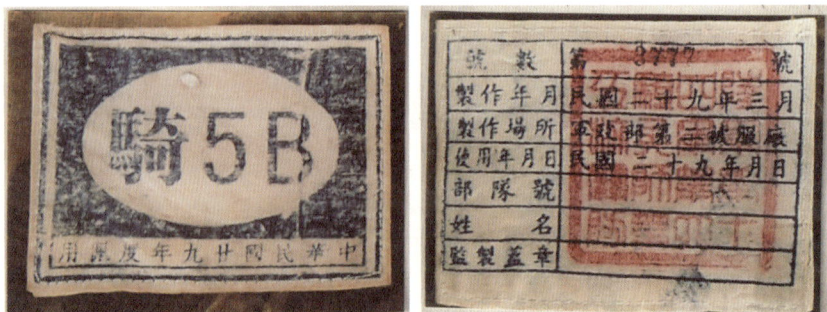

东北挺进军新编骑兵五师臂章

1931年"九一八"事变爆发时慕新亚正随部队驻扎在北平，为了不连累还在东北的家人，大约在这时以慕新亚为代名。当时热河、察哈尔地区局势混乱，日军、伪军及各种抗日武装、地方武装都在这一地区活动，慕新亚就曾经与石友三的部队交战。在一次战斗中，慕新亚被当时还未投靠日军的李守信部击败，在刑场上被李守信部下的讲武堂同学王振华认出，劝其加入了部队，并担任连长。汤新华也在这支部队中任连长，他将自己的一个连交给慕新亚，组成了一个团，由慕新亚担任团长，但二人没有公开兄弟关系。1933年，李守信投靠日本，所部改称"察东警备军"。1936年2月，随着伪蒙古政权的成立，"察东警备军"被改编为伪蒙古军，以"察东警备军教导学校"的教官为骨干组成了伪蒙古军第一军第三师，师长为王振华。1938年，慕新亚被任命为伪蒙古军第三师第七团团长，驻扎在集宁。4、5月间，第七团由集宁分驻凉城，接近马占山挺进军的控制区域，为慕新亚率部反正创造了有利机会。

凉城反正

（一）1938年4、5月间绥远前线的军事态势

绥远省即今内蒙古自治区西南部乌兰察布市、鄂尔多斯市，巴彦淖尔市等地，省会归绥（今呼和浩特）。1937年"七七"事变后，绥远省主席兼第七集团军总司令傅作义率所部第三十五军东进抗日，转战冀、察、晋各地。日本侵略军乘隙向绥远进攻，至10月中旬，包括省会归绥在内的黄河以北大部分地区被日军占领。日本侵略军还于11月22日在张家口成立伪政权蒙疆联合自治政府，由德穆楚克栋鲁普（德王）任主席。

　　1938年3月，为了配合徐州会战，时任第二战区副司令官的傅作义发起绥南战役，亲率所部第三十五军出山西偏关，经清水河、和林格尔一线反攻归绥，4月1日，驻扎在伊克昭盟的挺进军司令马占山率领所部刘桂五骑兵第六师，并得泉骑兵第三师，暂编一、二旅及特务营与程德峻部由高隆渡口渡过黄河，威胁敌后，配合傅作义作战。

　　4月6日，挺进军收复了达拉特王府。4月10日，挺进军攻占了绥包铁路线上的陶思浩车站，一度切断了归绥与包头之间的交通。4月中旬，挺进军与日军重兵遭遇，力战不支，马占山率主力西入大青山与敌周旋。挺进军副司令邰斌山则率领新编骑兵第三师和程德峻部向东进入敌后，4月15—17日，该部队（约1500人）活动于敌后武川一带。21日，西进中的马占山部主力在安北县境内黄油杆子村附近遭敌围攻，损失惨重，骑兵第六师师长刘桂五不幸殉国。马占山率领残部撤至河套，渡过黄河，回至总部哈拉寨。与此同时，挺进军邰斌山、程德峻部继续东进，在破坏了归绥东部的旗下营子车站后转而南下。4月23日下午1时，这支部队在凉城县境内阳坡窑子与日军遭遇，经过数小时激战，击毙日军40多人，日军向丰镇一带撤退。邰斌山乘机与驻防凉城的慕新亚联络，劝其反正。4月26日，傅作义的部队收复了和林格尔县城。同日，慕新亚率部反正。

（二）凉城反正经过

虽然身处伪军阵营,但慕新亚并不甘心当汉奸。据时任挺进军交际科科长杜海山回忆,慕平时就与挺进军方面保有联系,主要是通过东北同乡和讲武堂同学的关系。现在他见时机已经成熟,立刻率部反正。第七团的官兵平时受师长王振华勒索,早已苦不堪言,因此对慕新亚的决定一致赞成。参加反正的部队有第七团全团,第八、九团两个连和保安队共1200余人。他们杀死了军队中的日本顾问等13人。另外,慕新亚平时最痛恨贩卖鸦片的行为,在反正时将在凉城贩卖鸦片的40多名日本商人一起处死。当时,日军已对慕新亚产生怀疑,故出动两支部队准备将慕新亚消灭,消息被慕部电话班长截听,慕新亚于是决定伏击日军。日军猝不及防,双方展开激战,日军动用了坦克和飞机,慕新亚的战马都被炸死。为避免更大损失,慕新亚部与郜斌山、井得泉部离开凉城向西行,在和挺进军主力取得联系后,经清水河县下城湾渡回黄河以西。依托黄河挡住了日军进攻,使其渡河夹攻的计划破产。不久,慕新亚率部来到哈拉寨,与马占山会合。就是在这里,慕新亚见到了卡尔逊,他并不知道卡尔逊的身份,两人通过翻译进行了交谈。

5月下旬,由于敌我力量悬殊,进攻归绥失利。同时,傅作义认为配合会战的作用已经达到,于是停止了进攻,各部转入休整,绥南战役结束。

（三）凉城反正的意义

首先，慕新亚反正对于绥远抗战有相当的直接军事意义。在此次绥南战役中，凉城的位置十分重要。傅作义收复和林格尔后，将这里作为北攻归绥的临时指挥点，由三十五军第二一一旅第四二二团一个营防山炮两门防守。凉城位于和林格尔以东，距离仅70余华里，骑兵用不了一天即可到达。如果凉城日军出击和林格尔得手，将会截断后路，后果不堪设想。在后来的战斗中，日军确实出动了一个骑兵联队由归绥从西侧绕袭和林格尔，对后方构成了一定威胁，遭和林格尔守军安春山营顽强阻击，损失惨重。即使凉城守军坚守不出，也会对在右翼行进,截击从大同增援之敌的部队构成威胁。傅作义考虑到了这一点，当他于4月26日晚下达战斗指示，命令第四二二团两个营经凉城县以西之西沟门，五道宨前进，破坏旗下营车站的铁路和桥梁时，团长工雷震请示：如果我后方路线被敌截断不能返回时，应如何行动。傅指示：依靠大青山,由后山取道河套回去。由于增援的敌人力量异常强大，若果真出现这种情况，这两个营的处境会十分危险。慕新亚的反正使侧翼免受威胁，还阻击了攻击右翼的日军，四二二团得以顺利完成破坏铁路、阻击敌人的任务，并在撤退时沿原路安全返回。

东北挺进军士兵练习射击

　　慕新亚部加入挺进军，也使挺进军力量得以恢复。第七团所属的伪蒙古军第一军第三师是伪蒙古军核心力量之一，全团共四个骑兵连和一个重机枪迫击炮连，士兵配备性能优良的一三式步枪，被服质量也很好，装备水平优于马占山的部队。这支队伍的加入对于刚刚元气大伤的挺进军无疑起到了雪中送炭的作用。其次，慕新亚反正使敌人变生肘腋，受到很大打击，伪蒙古军势力最盛时，号称有三个军九个师的兵力，但实际人数至多不过一万二三千人，其中最有战斗力的李守信第一军有8000多人。所以，反正部队虽然看似人数不多，却极大削弱了伪蒙古军的核心实力。

再次，凉城反正更大的意义还在于它极大地鼓舞了中国人民的抗战勇气。"九一八"事变以来，汉奸伪军活动猖獗。全面抗战爆发后，各种伪军更成为日军的帮凶，使华北沦陷。在此期间，虽然不时有伪军零星反正，但集团反正的情况比较少见。1937年9月，伪蒙古军第二师井得泉团在张家口前线反正，被收编为马占山挺进军新编骑兵第三师，这当是全面抗战爆发以来的第一次伪军集团反正。由于当时原在华北地区的报纸或已被日伪控制，或者正在转移，以致消息不灵，这一事件没有得到及时报道。1938年5月，中国的主要新闻机构都已转移至武汉、重庆，已经可以比较全面地报道北方的战事。慕新亚凉城反正因此成为抗日战争全面爆发以来后方人民了解到的第一次伪军集团反正。5月12日、13日，《大公报》和《文汇报》分别以《绥境续克安北县城伪军团长杀敌来归，慕新亚率千余骑反正》和《绥西要隘安北克复伪满伪军千人反正》为题报道了这一事件，使连日来对绥远战况的报道达到了高潮。由于慕新亚是东北人，他的反正让全国人民看到了东北同胞不忘祖国，坚决雪耻复仇的决心。

各大报纸之所以大力宣传慕新亚反正，还与当时的形势有关。台儿庄大捷后，日军变本加厉，疯狂进攻，徐州会战形势危急。这时报道伪军反正的消息，对于坚定人民抗战必胜的信念，有一定作用。正如《大公报》社评中所说："现在真正到了国家危急存亡关头，敌人正倾其数十年经营之武力来攻打中国，而中国军队正一致英勇抗战，与敌人拼命，这时候，忽听见慕新亚率一团骑兵来归祖国，就是对于敌人重大的打击。"

　　国民政府对反正的伪军一般都加以收编,并对其首领加官晋职,以示奖励,同时也是为了吸引更多的伪军反正。例如, 1937年井得泉反正后,国民政府将他的一团部队改编为新编骑兵第三师,归属马占山挺进军,井得泉为少将师长,这一任命明显属于升职。此次慕新亚反正,国民政府也相当重视,5月16日,孔祥熙、何应钦分别致电慕新亚,对他的爱国行为表示了嘉勉。全国各大报纸纷纷发表评论,各政要纷纷致电赞扬,社会舆论和国民政府都对慕新亚反正给予了高度重视,对他的行为予以赞扬。这一方面是对慕新亚反正义举的嘉勉,另一方面,也是为了在困境中振奋人心,鼓舞中国人民的抗战勇气。

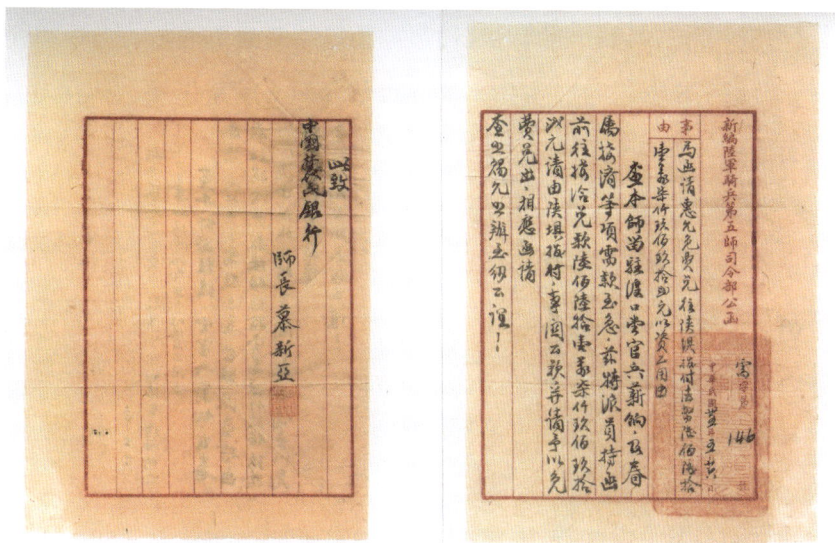

慕新亚公函 （1946年）

1939年，慕新亚在准格尔旗沙
圪堵驻防时任新编骑五师师长

抗日战争期间的慕新亚

慕新亚反正后，他的部队被改编为新编骑兵第五师，由他担任师长，属于马占山的挺进军（1938年9月改称东北挺进军，马占山为总司令）。所部三个团分别驻扎在暖水、大营盘和纳林。1938年7月末，慕新亚率部进至凉城营盘梁、昌汗营一带，将王耀华指挥的绥东抗日游击支队地方团队收编为新编骑兵第五师第四团。8月3日，部队在营盘梁与日伪激战，损失很大，第三团团长在战斗中阵亡，慕新亚部渡过黄河，撤至府谷沙梁。秋末，昌汗保安团300余人来到府谷会合，被重新改编为第四团。部队此后驻防准格尔旗沙圪堵。同年冬，汤新华潜入伪蒙军，策反出杨兴华一个连，加入了第二团。汤新华自慕新亚反正后受到李守信的怀疑，活动受到限制，此时借挺进军进攻康王府的机会从伪军处逃出，从慕新亚部带着一个连在大青山一带打游击，失败后回慕新亚处。

驻防沙圪堵期间，慕新亚除不时出击伪军外，还开展了剿匪和禁烟等活动，维持了地方秩序的稳定。由于慕新亚屡立战功，深受马占山的赏识与信任。1942年11月，慕新亚作为监督参加了马占山主持的准格尔旗札萨克大印交接仪式。

1943年，绥远省发生了蒙古族人民反抗陈长捷驻军压迫的"三二六"事变，驻包头的日本占领军司令小岛中将乘机命令投靠日本的奇子祥、森盖部南渡黄河，进攻七卜窑子一带的东北挺进军，慕新亚奉命率领新编骑五师全部及骑六师一个团与之交战。战斗持续了三个多月，东北挺进军阵亡近百人，最后敌军撤退。马占山为了纪念这些阵亡将士，在其总部哈拉寨修建了"忠烈祠""抗日阵亡将士纪念塔"。纪念石碑正面为傅作义的题词"浩气长存"，背面为邓宝珊的题词"碧血有痕留战垒，青山无语拜碑亭"。东北挺进军副总司令郭殿臣，总参议王鼎三、慕新亚和骑六师师长吕纪化联名题词"飒爽英姿铁马金戈一梦，峥嵘片石边风塞月千秋"。纪念碑于"文革"中被毁。2004年，哈拉寨群众自发集资重建将土塔于原址，时任全国政协副主席周铁农题写了新碑名。马占山后人马志伟、马耀东等参加了纪念塔落成仪式。

解放战争期间的慕新亚 肆

抗战胜利后，慕新亚部驻防大同。内战爆发后，参加了1945年10月至12月的绥包战役，此时，由于马占山将军因病回北平疗养，东北挺进军总司令职务由慕新亚代理。1946年7月至9月，晋绥军区和晋察冀军区解放军发动了大同战役。慕新亚率领东北挺进军在楚溪春指挥下防御大同火车站，战斗相当激烈。战斗中，挺进军依托车站水塔死守，解放军牺牲很大。

战后，东北挺进军划归傅作义指挥，新骑五师先被改编为张垣绥署骑兵第五旅，后又改编为暂编第二十七师，慕新亚任师长，驻扎在集宁。1948年，暂编二十七师被划入傅作义部下，隶属暂编第三军，驻防张家口一带。在此期间又在康庄地区与解放军发生过激烈交战。

1948年9月，暂编第三军改编为第一〇四军，军长为安春山，暂编第二十七师被改编为第二六九师。平津战役打响后，傅作义的精锐部队第三十五军于1948年12月初在新保安被解放军包围，第一〇四军奉命前往救援，第二六九师于12月30日攻占了沙城（怀来），并与一〇四军二五〇师配合，攻至距新保安不足10里的马圈。

12月10日，由于三十五军未能突围，解放军东北野战军又进至康庄一带，因怕后路被断，安春山决定撤回北平。在撤退途中，一〇四军偏离了预定的路线，在门头沟十八家子至横岭遭受重创。但是慕新亚至少将一个团的兵力带回了北平。1949年1月，为了防守北平,安春山将第一〇四军重新整补。慕新亚再次担任第二六九师师长，负责防守北平城德胜门至安定门一带。受老长官马占山的影响,慕新亚对于不再南下态度比较坚定。在天津未解放前，慕新亚就曾在地安门马占山住处,向马请示如何应变,马对慕说："南下咱们不去。""我由东北把这些人带到西北，现在抗战已经胜利,好不容易回北平,连家带眷人数不少,眼看就能回老家啦!离别多年的骨肉可以团聚。你再把他们带去江南,因为你不是黄埔系,就连你也难保原职,不用说那些跟我们多年的下级军官啦!或许等到了江南,你也就成了赤手空拳的光杆师长了。"慕表示同意。马占山还告诉曾经是自己部下,现在是傅作义部下的栾乐山、刘化南关键时听慕指挥。因此,北平和平解放前夕,马占山系统共有一个军实力待机应变。在此期间,慕新亚担任北平城防司令,曾经帮助过北平地下党,支援他们枪支并提供情报。1949年1月31日，北平和平解放。2月14日,慕新亚参加了解放军平津前线司令部及北平军管会在御河桥二号礼堂为解放军领导人和国民党师级以上指挥官举行的联欢会。不久,第一〇四军在良乡接受了改编,第二六九师被改编为中国人民解放军独立第七十二师,归入中国人民解放军第三十九军的建制,慕新亚任师长。

晚年的慕新亚

伍

北平解放后，慕新亚因身体原因留在北平，从此离开了部队。1950年6月被秘密逮捕，送茶淀劳改，1953年释放。慕无家无钱，通过老乡介绍，在一家诊所学习照×光。他曾经找过傅作义，傅只是叹气，给了他200块钱。慕新亚后与萧军同在著名民间医师刘寿山处学习正骨，1954年在西单烤肉苑附近开设了私人正骨所，并从此改名慕辛野。1959年，已经因正骨技艺精湛而小有名气的慕新亚与萧军合办了正骨学习班。萧军后来调至北京市文联工作，但两人一直有联系，慕新亚因此为不少戏剧界名流治过病。1958年，慕新亚的正骨所被并入大木仓医院骨科。1966年，"文化大革命"爆发，8月，慕新亚遭抄家，老伴被红卫兵殴打致死，慕新亚也被打断了三根肋骨。伤好后，慕新亚被遣返回四方坨村原籍。由于骨科绝技，在当地行医名声远扬，各处都有人慕名而来，后调到双羊公社，病人从东三省到关内的都有，还在双羊医院带了许多徒弟。他一直想要回北京落实政策，曾经有一两次来京，但都被拒绝，其间在1972年或1973年曾经给老舍的夫人胡絜清治疗过腰伤。

"文化大革命"结束后，经过落实政策，慕新亚于1977年回到了北京。之后担任过西城区第五届政协委员和西城区对台办主任，曾考虑过重开诊所。1981年在与友人饮酒时因脑出血去世，归葬四方坨村。

行军中的东北挺进军将士

　　作为一名民国时期的中层军官，慕新亚的人生经历十分曲折。他曾经被迫加入伪军，也曾与解放军作战，综其一生，很难算得上是一个创造时势的传奇英雄。然而，作为一名爱国军人，他在面对重大历史关头时能做出正确的选择。正是如此，才有了凉城反正和接受和平改编，他在抗日战争中所做的贡献，尤其值得后人尊敬。加深对他这样的一位历史人物的研究，相信可以使我们的民国军事史、抗日战争史变得更加丰满充实。

　　谷子，大名康文慧，府谷哈镇人，地方文史研究爱好者。

卡尔逊的哈拉寨之行

康文慧

埃文思·卡尔逊上校

抗日战争时期，有许多国际友人来到中国，帮助中国人民抗战，从事医疗救护、新闻报道、慈善救助等工作，如白求恩、柯棣华、史沫特莱、斯诺等。而美国海军部观察员埃文思·卡尔逊上校无疑是西方世界官方派驻中国，全方位进行军事观察中国抗战的第一人。

卡尔逊是美国纽约州人，青年时期毕业于著名的西点军校。第一次世界大战期间，卡尔逊以上尉军衔赴欧参战，因作战勇敢，获法国政府军功奖章。回国后担任罗斯福总统的卫队长，从此他们成为好朋友。1937年春，卡尔逊以中校军衔受命赴中国，他的身份是海军部观察员。临行前，罗斯福总统要求他："我要你不时地写信给我，直接寄往白宫。告诉我你干得怎样，告诉我那里发生过什么事情。"并约定俩人之间的通讯由总统的秘书玛格丽·莉·汉德传递。而在此之前，卡尔逊以美国驻中国使馆武官的身份，于1927年和1935年两度来华工作。作为一个美国人，卡尔逊为人正直，极富正义感。尤难能可贵的是，卡尔逊1935年到中国时，即深深地同情中国人民进行的艰苦卓绝的抗日战争。

1937年8月，日本侵略军大举进攻上海，淞沪抗战爆发。其时卡尔逊正在上海，目睹了日本侵略者的疯狂与残暴，于是他决定到抗日前线近距离观察中国的抗战。通过关系搞到了国民政府军事委员会的特别通行证，以美国驻华大使馆参赞和军事观察员的身份，他决定首先到华北抗日前线。1937年12月，卡尔逊到达西安，拜见了陕西省主席蒋鼎文，又拜访了八路军驻西安办事处，请求允许他去抗日前线访问。12月10日，毛泽东回电，批准卡尔逊去山西八路军总部等处访问。卡尔逊在八路军西安办事处人员护送下，由周立波同志陪同，乘火车抵潼关，渡过黄河，乘汽车抵临汾，访问八路军总部，受到朱德、彭德怀、左权、任弼时等总部领导的热情接待。随后，卡尔逊到刚刚成立的晋察冀边区考察，受到聂荣臻司令员的热情接待。后又到贺龙领导的晋绥边区访问。在历时50天的考察访问中，他们或步行或骑马，走了2500多里路，两次穿过敌人封锁线，走遍了河北北部、中部大部分地区，山西五台、吕梁等地，参观了抗日根据地的部队和民兵，走访了各界人士，对八路军的抗战有了初步的认识。

1938年3月，卡尔逊来到台儿庄战场，会见了李宗仁、白崇禧、孙连仲和直接守卫台儿庄的池峰城、田镇南等各级将领，听取战况介绍、观察前线各个地方，分析、观察这场战争采用的战略战术。

1938年4月，卡尔逊再次到达西安，计划先访问延安，再北上榆林，再到绥远，拜访马占山将军。在西安，卡尔逊再次拜访了蒋鼎文。蒋鼎文为卡尔逊给榆林的邓宝珊、高双成，绥远的马占山、傅作义、何柱国、门炳岳六位将军写了介绍信。随后卡尔逊拜访了西安八路军办事处主任林伯渠（陕甘宁边区政府主席），林伯渠为卡尔逊写了给毛泽东和其他领导人的介绍信。

自右起：欧阳山尊、刘白羽、金肇野、林山、汪洋。1938年5月21日，卡尔逊摄于榆林塞外镇北台。图片选自《中国之友卡尔逊》

　　到延安后，卡尔逊受到毛泽东等中共领导人的热情接待。他分别拜见了毛泽东、张闻天等领导，并与毛泽东两次长谈。卡尔逊在日记里写下了他对毛泽东的印象："这是一位谦虚的、和善的、寂寞的天才，在黑沉沉的夜里不懈地奋斗着，为他的人民寻求着和平与公正。"看到毛泽东喜欢抽烟，同为烟民的卡尔逊给毛泽东赠送了烟叶和烟斗。延安考察访问一段时间后，卡尔逊决定北上榆林、绥远，然后到华北前线。毛泽东主席派五位年轻的八路军文艺战士陪同卡尔逊考察，他们是刘白羽（小说家）、欧阳山尊（剧作家）、金肇野（新闻工作者）、林山（诗人）、汪洋（摄影家）。行前，毛泽东给卡尔逊写信，说明派五位八路军小战士陪同去前线采访，信的全文如下：

离开延安时毛泽东写给卡尔逊的信

1938年5月，东北挺进军在神木迎接美军上校卡尔逊

1938年5月15日，卡尔逊在刘白羽等五位年轻的八路军文艺工作者陪同下，随护送的八路军战士乘坐汽车到榆林。

到榆林后，受到新一军军长兼二十一军团司令邓宝珊和八十六师师长高双成的热情接待。在榆林期间，邓宝珊介绍了军事形势，陪同卡尔逊参观了镇北台、红石峡等名胜古迹。高双成邀请卡尔逊观看了该师运动会、业余剧团演出，还请卡尔逊给部队作了抗战形势的演讲。5月22日离开榆林时，邓宝珊给卡尔逊一行每人赠送毛毯一条、毛衣一件和皮革公文包一个，都是当时榆林自产的，并派一支骑兵护送。第三天到达神木，府谷马占山将军派骑五师部队已在神木等候。驻神木的是骑二军何柱国将军的部队，何将军的参谋长亲自接待。5月25日，组织了有部队、儿童团、妇女队等参加的军民欢迎会，卡尔逊作了热情洋溢的讲演，鼓励军民坚持抗战。会后，卡尔逊在马占山骑兵部队护送下向府谷出发。

第三天即5月27日下午，卡尔逊一行抵达府谷北部重镇哈拉寨，这里是马占山将军东北挺进军司令部和黑龙江省政府驻地。当晚，住在一个临时招待所里，由姜松年参议负责招待，王鼎三总参议代表马占山来看望了卡尔逊一行。5月28日下午，欧阳山尊作为翻译陪卡尔逊会见马占山将军。其间，马占山将军谈了挺进军作战的经验，并询问了卡尔逊中国军队、日本军队的缺点，卡尔逊分别发表了自己的看法。当晚留卡尔逊吃晚饭，饭后继续交谈。马占山说，他很想和八路军合作，因为他很钦佩八路军的政治工作和作战精神。他说："若是八路军能派几千人跟我一同到东北去干，一定可以起一点作用，因为我在东北可以号召一下，而八路军就可以组织与训练民众，这样一来，少则可以牵制敌人，多则可作收复东北的先声。"5月29日，刘白羽等五个小伙子开会决定，对挺进军伤兵进行慰问，得到卡尔逊的赞同。刘白羽拿出10块钱，卡尔逊出11块钱，工作组出2块钱，共23块钱，买了些香烟、糖果、花生、核桃、梨、点心等物品送给伤兵。挺进军的伤兵医院规模很小，只有30多个轻伤员，重伤的都送到榆林和米脂的后方医院。其间还发生了一个小插曲，当卡尔逊和几个八路军小伙伴正在慰问伤兵的时候，被闻讯赶来的医院军医生气地大声质问：为什么不打招呼就到医院来？在他看来，未经他同意就到医院来，他没有丝毫准备，暴露了医院的缺点，更何况还是外国人和八路军，使他很没面子。5月30日上午，王鼎三总参议、政训处刘处长与秘书先后来访卡尔逊，邀请卡尔逊在次日召集的军民欢迎大会上演讲。下午，马占山将军回访卡尔逊，两人交谈一个多小时，内容是关于德王、绥蒙和伪军中的政治工作问题，马占山将军对前途非常乐观。晚饭马占山将军请卡尔逊一行吃蒙古式烤全羊。饭后，卡尔逊会见了几位挺进军军官，有新三师副师长朱之文、刚刚在当天反正过来的蒙古族青年军官韩宇春、农民出身自己组建抗日游击队后投奔马占山将军的挺进军旅长刘青山（刘拉台）。当天上午，卡尔逊一行还访问了次日准备出发到敌后去做瓦解伪军工作的白玉昆团长。5月31日，姜参议通报，傅作义将军派人来了，说是清水河附近有战事发生。他的意思是要卡尔逊先到河曲去住几天，因为清水河前线太危险了。可卡尔逊一听这消息一定马上就要上前线，因为他此行的目的就是上前线去。随即催着姜参议为他打电报给傅作义说，他不怕危险。当天上午10点，马占山将军在哈拉寨大庙（灵杰寺）召开军民大会，欢迎卡尔逊。参加大会的有老百姓、儿童和部队，卡尔逊作了热情洋溢的演讲，这是他

卡尔逊在哈拉寨给军民演讲抗战形势

从延安出发以来一路第三次为军民演讲，内容大致有：一、一致团结；二、军民合作；三、青年和儿童更应努力参加抗战以争取自己的前程。此外，他谈到挺进军在交通极不便利的西北作战，一切给养与弹药供给都感缺乏，而能在这种环境之下艰苦作战，是值得称赞的。他说："你们若能将这样的精神继续下去，等到将来抗战胜利了以后，你们可以在黄昏的时候，坐在火炉的旁边，告诉你们的儿女，告诉你们的子子孙孙，你们是怎样地英勇抗战，你们是值得骄傲的，你们的子子孙孙也可以骄傲。我现在还要给你们几句赠言，就是：弟兄们应该继续抗战，克服将来更大的困苦。民众们应该组织起来，用全力帮助军队，这样才能将日本军队一脚踢出中国去。"卡尔逊的演讲得到军民热烈的掌声。当天下午，他们参观了一部分缴获的战利品，有轻重机枪、步枪、臂章、日本国旗和飞机记号等。随后，卡尔逊一行到马占山处辞行，在那里遇见了闻名的慕新亚师长和刘拉台旅长，他们一个是反正的青年军官，一个是民众自己武装自己的老头儿，形成很好的对比。

在哈拉寨考察期间，卡尔逊一行受到马占山将军的热情欢迎和款待，骑兵部队举行了盛大的欢迎仪式，军民联合举行了欢迎大会。卡尔逊一行与各级军官进行了深入的交谈，了解了士兵的士气和他们的生活，慰问了医院的伤兵，考察了当地民众对抗战所做的贡献。马占山将军还邀请随行的八路军帮助他的部队建立了一个文艺队，对部队的政治训练给予指导。他们还拍摄了大量挺进军官兵和哈拉寨民众的生活照片，留下了弥足珍贵的历史资料。这些照片被卡尔逊收录在他回国后1940年出版的《中国的双星》一书中。

　　1938年6月1日，急于到华北抗日前线的卡尔逊告别马占山将军的抗日大本营——哈拉寨。离开时，马占山将军亲自率骑五师师长慕新亚、骑三师师长井得泉送卡尔逊至15里外的陈家圪堵，然后由骑兵护送到山西省河曲县，途经麻镇梁龙头莲花洫，卡尔逊被这里美妙绝伦的地质景观而震惊。到达黄河边，已有傅作义将军派人接应，此后，由于清水河前线战局变化，卡尔逊未能前去，转而南行，到了贺龙领导的晋绥边区考察。

　　　　　　　　　　　　　此文作于2020年4月底，图片由汤锦宁提供

峥嵘岁月

谷史
府文

04

战斗在清川江畔

——父亲张玉清在抗美援朝战争中

张凌云

张玉清早年参军照及革命军人证明书

  在抗美援朝战争中，父亲张玉清任志愿军三十六军一〇六师军械科科长，也经受了这场战争的洗礼。尽管他于1995年7月去世，但他生前讲述和留下的宝贵文字资料却成为我们对他以及广大志愿军将士最深切的怀念和回忆。

出征前夕 壹

父亲于1920年11月7日出生在府谷县木瓜镇，少年时在木瓜镇小学上了近五年小学兼校工役。1937年8月，投笔从戎。1940年9月至1943年5月就读于黄埔军校七分校十七期。

1951年春季，父亲所在的中国人民解放军二十三兵团三十六军从包头移防到河北衡水地区，在这里秣马厉兵，时刻等待着中央军委和毛主席赴朝参战的召唤。在全军开展大练兵的热潮中，由湖南、安徽、河南等省的新兵，大批地补充到部队中来。为了做好迎接战士的工作，从军部到连队都做了充分的准备，包括从生活学习到出操训练等方面，使部队团结一心，战斗力迅速提升。

正在紧张备战之时，兵团司令员董其武向部队正式宣布："毛主席批准我们兵团参加抗美援朝了。"这一振奋人心的消息，犹如春雷一般迅速在全军传开。学员们迅速返回部队，做好各项后勤补给工作。父亲张玉清负责全师的军械工作，当下就是赶紧换发武器。为统一口径，便于补给，步枪、机枪一律换为七九口径的，还有大批的苏联五○式冲锋枪及捷克转盘轻机枪。为应付飞机，各团组建了高机连，补充了大量的通信、工兵器材和运输装具。

誓师过江　　贰

　　1951年9月3日夜，兵团由河北驻地出发，一〇六师担任兵团的前卫师。5日下午，全师在鸭绿江边的宽甸县长甸集合，面对祖国河山，由师长赵晓峰带领全师指战员庄严宣誓，"打倒美帝国主义"的口号震撼大地。随后宣布入朝纪律，摘下解放军的帽徽和胸章，至此部队成为中国人民志愿军。夜幕降临，部队按照行军序列出发。鸭绿江横在面前，由于铁桥被美机炸毁，正在架设浮桥，部队徒步踏着道木通过，进入朝鲜新义州。此时的朝鲜，远方不断传来火光，地下的爆炸声，彻夜不绝于耳。为防飞机空袭，部队只能夜晚行军，有的战士人虽在走动，但闭着眼睛就睡着了。为了驱赶"睡虫"，部队大唱革命歌曲，边走边唱，此起彼伏。

　　在朝鲜战场，早期由于我军没有飞机，美军掌握了空中优势，行军打仗处处受其干扰。一天夜里行军，美机尾随上空，不断投放照明弹，一有怀疑目标就向地面扫射。这次行动快，隐蔽也好，当两架美机低空扫射时，人员虽无伤亡，但在路上的两辆汽车和受到惊吓的一些车马损失了。经过数次历险后，部队和朝鲜人民军向导终于查清是有朝鲜奸细向敌人通报，并抓到了一个正向敌人发报的朝鲜奸细，交由当地政府处理了。部队休整后，准备夜渡清川江。这里是美军的封锁线，桥梁早已炸断，虽有木板浮桥，但安全依然无法保证。除做好防空警戒外，要以飞行军的速度急速通过，方可避免无谓的牺牲。因此，部队潜伏在桥头北端待命。过桥的命令一下达，万军齐发，飞速到达江南的介川郡。一座名城，由于沦为五次战役的主战场，加上美机昼夜狂轰滥炸，早已变成残垣断壁、一片废墟。

中国人民志愿军某部正在进行参战誓师大会

战斗在机场

叁

当部队进驻介川郡山区的驻地后，才被明确为二线兵团，主要担负泰川等地建设三个机场的战斗任务，一〇六师负责院里机场的建设任务。院里就在清川江边，离三八线很近。师里把任务分包到各团和师直属单位，师直属队由父亲张玉清和师司令部协理员白尚兴带队施工。为了早日使我军在前线有飞行基地，掌握空中优势，工程时间为两个月。第一阶段由清川江畔挑运沙石打好机场跑道基础，在运输连的支援下，师直提前完成任务。第二阶段是建设跑道、环行道、停机坪等主体工程。

11月18日上午7时许，在工程接近收尾阶段时，机场受到美机最大一次轰炸。8架B29重型轰炸机，伴随几十架战斗机，携有800枚炸弹，重量约80吨，采取俯冲水平投弹，全部倾泻在机场平面上。此时机场上数千军民经过一夜的奋战，正准备收兵回营，只听轰隆巨响，硝烟笼罩了整个机场。人们呼喊着，奔跑着，四散地躲避着这铺天盖地的轰炸。远在仁兴里的师政委张志远，闻声迅速乘车赶来看望战士们及处理善后事宜。此次大轰炸，全师牺牲了600多位同志，师里举行了战地追悼会。

在美机轰炸后，机场和周边还有数十枚定时炸弹和未爆炸弹深埋地下，并时不时发出爆炸声，严重影响施工和威胁人身安全。张志远政委召集父亲和白尚兴及后勤部的几个科长研究清理炸弹的办法，决定成立排爆队，由父亲张玉清任指挥。在师直属军人大会上张志远郑重宣布："自愿报名，谁挖出炸弹就给谁立功，开庆功会。谁万一牺牲，谁就是烈士，给他开追悼会。"有位同志问："能不能入党？"张志远斩钉截铁地说："不能，不能降低党员的标准。"会后，经批准的排爆队员分成若干组，每组四人，三人去排爆，一人观察动静和掌握时间。经过一天的苦战，终于将埋于地下3米左右的未爆弹，一个一个地暴露在光天化日之下，用绳索拴好弹头的铁环，拉到江边集中引爆处理了。后来，赵治军荣立了二等功，父亲和数位战友立了三等功。

回国后，一〇六师三团团首长在北京沙河合影。张玉清（后右一）时任团后勤处处长

张玉清

胜利班师

1952年2月，清川江一线的三个机场经过全军指战员的共同努力，终于进驻了志愿军的米格15战斗机。它们每天有20多架次翱翔在朝鲜的上空，掩护着部队白天行军和打仗，打破了美机独大的优势。部队回国命令下达后，师军械科的房东金玉赞老人看到部队整理行装，便和父亲进行笔谈（他会汉字）。他问："你们去三八线还是鸭绿江？"父亲答："鸭绿江。"他又问："李承晚的来？""来不了，我们是换防。"金玉赞老人才安心对父亲说："我是朝鲜劳动党员，有两个儿子参军在前线阵亡，死亡通知书收到后，我没有告诉儿媳妇。"说罢潸然泪下。随后用炸豆腐、炸油糕欢送军械科同志。军械科的同志也将领到的面粉留给他们一部分，并每人送了一条毛巾和一双布鞋给金玉赞老人，充分体现了中朝人民的深厚友谊。春节过后，一〇六师在北京市通县举行了隆重的庆功大会，表彰在抗美援朝战争中做出突出战绩的人民功臣和全体指战员，并祭奠了在朝鲜战场牺牲的烈士，赞扬他们完成了党和人民交给的光荣任务，为祖国争了光，为人民立了功。

此文作于2020年8月26日，图片由作者提供

杜承启所获部分勋章（高艳飞 摄）

共和国老兵杜承启

高艳飞

　　1948年，晋中战役结束不久，太原成为中共决战华北的最后战场。国民党为死保太原，构建了以城内为中心区，城外东西南北方向四个守备区的百里防御体系，尤其是核心东山要塞牛驼寨等要点，筑有以碉堡群为骨干的永久性工事。为摧毁东山防御阵地，夺取攻城依托，面对守军空中投弹、地面毒气弹、燃烧弹等严密防守，数十万解放军战士前赴后继、勇猛突击，伤亡惨重。

枪林弹雨　救死扶伤　　壹

87岁的杜承启老人至今对那场战事记忆犹新。1948年10月，时隶陕甘宁第二军分区四团二营四连战士的杜承启参与了这场激烈战斗。当时，杜承启所在师奉命拔除牛驼寨外围的碉堡和暗道，在一整天的激战中，杜承启连部110多人牺牲16人，负伤60余人。为了抢救伤员，杜承启在战火前线一边躲避密集的炮火，一边为战友包扎伤口。

用完原带的纱布和绷带，就将随身携带的衣服被子扯成布条替代、背拖倒地伤员到壕沟躲避……杜承启以超乎常人的体力和毅力，成功抢救了60余名负伤战友。战斗结束后，杜承启被陕甘宁第二军分区授予"人民功臣"称号，获得了功劳证书和纪念章，并光荣加入中国共产党。时年，杜承启15岁。

1933年，杜承启出生于陕北米脂县镇子湾村的一个普通农民家庭。军阀混战、日军侵华，社会动荡不安。为了生活，杜承启从7岁开始就帮助父亲种地放羊，过早地挑起家庭重担。1945年，抗日战争结束，内战全面爆发，一心向往共产党的杜承启毅然应征入伍参加解放军，走上革命的道路。

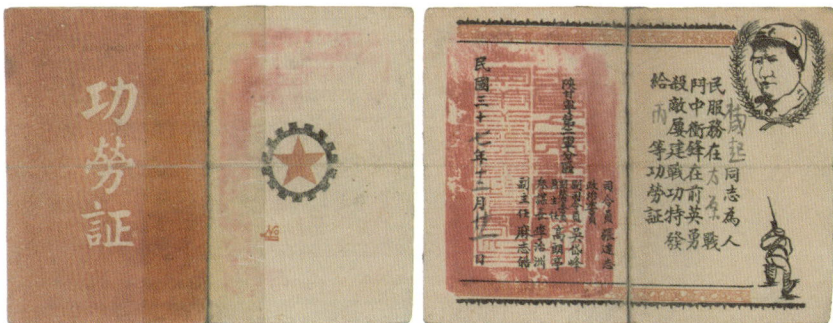

1948年12月21日杜承启在太原战斗中荣获丙等功

入伍后，由于年龄较小，杜承启主要承担救治伤员的工作。先后在陕甘宁第二军分区、西北野战军独立第一师、装甲兵坦克第三师服役。参加了保卫党中央转战陕北、消灭胡宗南、解放太原战役和解放榆林、神木、准格尔旗、靖边、定边、宁夏以及剿匪战斗23次，练就了一身伤员搬运、包扎止血等战场救护本领。

转战宁夏　援战朝鲜　贰

　　1949年4月，太原解放，杜承启随同部队西渡黄河返回陕北，担负解放榆林的任务。时年6月，榆林和平解放，部队经过短暂休整后，被编入西北野战军独立第一师，并向西推进参加解放宁夏战役。

　　8月份的定边、宁夏一带，荞麦花盛开得漫山遍野，大地一片生机。大部队在西进的道路上节节胜利，陆续向宁夏外围集结，为争取解放宁夏做最后的准备。9月9日晚，杜承启所在的四团二营驻扎在宁夏同心县下马关镇陈尔庄等候命令。因为连日奔波加之秋雨连绵，战士们疲惫不堪、昏昏欲睡。黎明时分，二师一叛逃连长向敌人告密了我军驻地，宁马骑兵突袭下马关和陈尔庄，解放军猝不及防，受到严重损失。只有杜承启所在的四团二营的三个连守住了阵地，并于夜晚成功突围。

1950年3月24日，陈尔庄战斗和庙神山剿匪战斗后六连全体官兵合影留念
杜承启（前排左二）

1952年国庆期间杜承启纪念照

1949年10月1日，在灵武县备战的杜承启连部，迎来了中华人民共和国成立，全军欢欣鼓舞。1950年春，部队调往海原县，一边抓叛徒、剿土匪，一边促生产、学文化，为发展地区社会生产力做准备。1950年10月，朝鲜战争爆发，杜承启所在师奉命调往吉林省四平市与苏联坦克师进行了为期一年的交流学习。1951年，杜承启被编入装甲兵坦克第三师摩托团二营卫生所，任所长职务（排级干部），并被授予"共和国创立者"荣誉称号。

1952年2月，杜承启跟随大部队渡过鸭绿江，参加朝鲜战争第五次战役。入朝作战后，杜承启所在的卫生所除了抢救伤员外，还承担着白天侦察敌机袭扰、夜晚为我军坦克前进修路架桥的职责。其间，杜承启历经了诸多战友倒地牺牲的悲壮场面，见证了无数无辜朝鲜百姓无家可归的惨状，救治了许多受伤战友和当地百姓，为朝鲜战争的胜利做出了贡献。1953年，朝鲜战争结束，杜承启所在部队继续在朝鲜进行了为期一年的支援建设工作，全国政协向其颁发了"抗美援朝纪念勋章"。

转业地方　兴业富民　叁

1955年，22岁的杜承启积极响应国家号召，转业到米脂县、子洲县基层工作。其间，杜承启在农业合作化运动中，参与组建了初级和高级农业合作社。

1958年，杜承启服从组织调动，到神府地区工作。三年困难时期，许多基层干部要求退职回家，但杜承启始终坚定理想信念，毫不动摇、苦渡难关。"文化大革命"期间，杜承启因家庭成分原因，遭到停职批判的不公正待遇。1970年恢复工作后，杜承启任府谷县外贸局经理一职。

在从事外贸工作的13年中，杜承启清廉自律、任劳任怨，大量发展了"三北"羊和新疆兰合羊、安哥拉兔、红小豆、杏仁、水貂绒等出口商品，不仅为国家换回了大量外汇，还为当地养殖农民增加了收入。府谷县外贸局也因此多次被省市有关部门评选为"上缴利税"先进单位，省外贸局更是特意为府谷县修建了可容纳100万吨加工出口商品的冷库，至此，府谷县每年宰杀肉兔数量可达到15万只，位居全榆林地区前列。

杜承启在府谷县外贸局担任经理时建立的养殖基地

　　1996年，杜承启离休在家，读书看报关注国家经济社会的发展，享受天伦之乐。杜承启的五个孩子都已成家立业，他对儿女子孙说得最多的话就是"你们生活在了好时代，一定要珍惜当下"。教育儿女们"做人要胸怀坦荡、廉洁自律，做事要坚定信念、忠于国家"。2017年，为了了却老人祭奠朝鲜战场上牺牲战友的心愿，84岁的杜承启在子女的陪同下远赴朝鲜，在抗美援朝纪念馆和烈士纪念塔前，沉痛默哀、敬献花篮，并到板门店谈判桌前留影纪念。

　　而今，即将迈入鲐背之年的杜承启精神矍铄、耳聪目明。对于当下的生活，老人很满意。用他的话说，比起牺牲的战友，自己已经幸运太多了，历尽枪林弹雨，笃定地跟着党走，这辈子从未后悔过。但含饴弄孙之际，杜承启心里最难忘怀的，还是那段炮火硝烟的峥嵘岁月。

杜承启（中）与女儿一起（高艳飞 摄）

此文采写于2020年8月，其余图片由杜承启亲人提供

九旬老兵王根锁的故事

赵霞

时年90岁高龄的老兵王根锁（赵霞 摄）

时光荏苒，王根锁老人现在虽已年过九旬，但身体硬朗，思路清晰，见人常常开口笑，说起往事，老人谈笑风生，如数家珍。这和他乐观的心态分不开。

忆烽火岁月　思生死战友

王根锁老人出生于1930年，是高石崖石庙墕人。小时候由于家庭贫寒，他在村里帮大人放羊耕作，15岁那年，适逢彭绍辉领导的晋绥野战军补充力量，王根锁怀着对中国共产党的无限向往和崇拜，毅然应征入伍。1948年1月18日，府谷县全境解放，因为年龄较小，并且上过几年私塾，有一定文化基础，所以王根锁没有跟部队开

1958年，王根锁在西安财经干校
脱产学习时留影

拔去前线，被当时的府谷县委留下成为一名通信员。当时榆林还未和平解放，他和战友们的主要任务是护送县委领导在榆神府一带开展党组织工作，常常会遭遇国民党部队和内蒙古一带土匪队伍的阻击，他和战友们与敌人巧妙周旋，每次护送任务都完成得非常出色。一次他和8名战友护送神府县委领导回榆林开会，快到榆林附近的时候，遇到土匪骑兵的突袭，当时情况非常危急，为保护首长安全，他们果断决定兵分两路，一路战友引开敌人，一路战友护送首长绕道榆林城南侧，与前来接应的驻榆林独二师十七团一起安全到达目的地。王根锁说自己当时虽身处险境，可心里只有一个信念：拼了命也要守护好首长们的安全。

问及第一次上战场怕吗，老人笑着说："当然怕，刚开始枪一响心咚咚地跳，但很奇妙，真的交战了，就什么都不怕了，后面连长说冲啊，战士们就一个个向前冲，身边的战友倒下了，谁也顾不上，当时一心就想着赶紧把敌人消灭。"

回忆起同战友们在战场上浴血奋战的画面，老人依然十分激动。

岁月虽逝情不老。他的堂兄王文明是他的兄长也是最好的战友。王文明曾参加过解放太原的牛驼寨争夺战，后来堂兄向他讲述当时战斗的惨烈场面，让老人至今记忆犹新，那场战役打得十分惨烈，敌人用钢筋水泥做成碉堡，其内外都经过钢筋水泥加固，外壁厚度超过1米，榴弹炮打在上面都只能留下一个白印子，我军根本无法靠近，可战士们一个都不退缩，就那样争着往上冲。王文明所属的七纵投入最后的预备队，连续对碉堡发起5次攻击，连续9次爆破，动用了2000多斤炸药之后终于将其炸开，最后全歼守军，夺取了牛驼寨的胜利。"如今和我一起参军的老伙伴们大部分都走了。"去年他的堂兄王文明已经离世，但堂兄的音容笑貌一直在他心里。每忆及此，老人总是感叹一声。

如今，王根锁老人家里有一张珍藏了整整半个世纪的老照片——中共府谷县委成立以来第一张全体工作人员的合影留念，拍摄时间是1950年3月6日。如今作为照片上唯一在世的老兵，闲暇之余，老人总是一遍又一遍翻看着老照片，嘴里经常念叨着战友们的名字。他曾多次拒绝县电视台记者们的采访，老人总是说："那些在战争中牺牲的战友们才是共和国的功臣，才更值得被记住。"

1950年3月6日，中共府谷县委员会全体合影。王根锁（前排右一），时年20岁，为县委通信员

从左至右

前排：乔小平 刘青小 张治厚 王根锁（通信员）

二排：党治国 杨培德 陈继儒（副书记） 杨孝先（县委书记） 王廷义
      王义成（工会主席）

后排：张继儒 苏润海 赵望希 张永贵 高仲宾 李增财 高玉清 刘玉珍
      （妇联主任） 刘树茂 杨逢元

1959年11月王根锁（中）与战友合影

一日为军人 终身有军魂 贰

新中国成立后，王根锁转业到地方工作，一直奋斗在粮食战线上，继续发扬军人作风，保障粮食安全供给。他个性耿直，淡泊名利，从一名基层保管员踏踏实实干起，后来走上了领导岗位。工作角色在变，但他心中永远跟党走的初心没变，为人民服务的宗旨意识从未改变。

20世纪70年代初，陕北部分区县旱情严重，粮食严重短缺，按中央指示，省上组织部署从东北调运粮食救济陕北受灾地区，王根锁当时被任命为府谷县调粮指挥部总指挥，负责调度50多辆卡车从山西阳方口到府谷的运粮工作，时间紧任务重，为了运粮车辆安全，他每天夜以继日地指挥调度工作，用两个多月的时间顺利完成了调粮任务。

在生活最困难的岁月，作为粮食系统的中层领导，他不曾为自己和家人搞过任何特殊，有一年他自己因长期营养不良，小腿都浮肿了，也没有利用职务之便留存一点救济粮，当时他的老伴为了几个孩子的生活，迫不得已回到农村老家当起了农民。

1973年3月12日，府谷县革委生产组欢送张雷（前排左三）、张宝善（前排左六）、李长源（前排右六）同志留影，王根锁（前排右五）

王根锁不仅严格要求自己，对子女们也一样严格。在女儿们的印象里，父亲一直都是非常严厉的，不论对待工作还是家人，始终都是按部队上的标准，容不得有一点马虎，断不能有一丝懈怠。

他常常教育家人不要贪图名利和享受，不要损害国家和他人利益，做人坦坦荡荡，清清白白。他是这么要求家人的，在工作和生活中，他自己更是这么践行的，真正做到了正直无私、两袖清风。

特别是在他任粮食局领导后，当时白面和大米等精细粮食是计划供给商品，他手中有一定的审批权限，性情耿直的他面对前来审批的人，总是一视同仁，决不会因为人情关系乱开口子，倒是那些有体弱多病成员的家庭，他往往会适当照顾。因为自己出身贫苦家庭，他常常力所能及去帮助周围有困难的人。同系统一位同事，拖家带口从外地来到府谷，他想办法给予多方面照顾，帮助其家属在赵石尧村落了户，解决了同事的后顾之忧。20世纪80年代初，他还让出粮食系统分配公房的指标，让有困难的职工居住，而自己的家人却借住到赵石尧村里。工作多年后，他还总记着自己是名老兵，他把对党的忠诚和人性的善良融合到自己的生命里，真正践行了一名共产党员的初心。

最美夕阳红　心系家国情　叁

1980年，王根锁离开自己奋斗几十年的工作岗位，高度自律的精神，豁达开朗的个性，让他在耄耋之年收获了健康硬朗的身体。如今，已是90岁高龄的王根锁老人，耳聪目明，精神矍铄，这和他几十年如一日，每天按时作息，坚持锻炼身体分不开。他老有所乐，老有所学，老有所为，每天准时收看新闻，关注国家大事，关心府谷动态。府谷客运铁路未开通之前，他和县上其他离休老干部曾一起为府谷能早日开通客运列车奔走呼吁。

今年春节，一场突如其来的疫情牵动着所有人的心。"如今的中国真的是很强大，很了不起，面对疫情，全国上下团结一致，众志成城抗击，不仅如此，还支援别的国家，看到世界上许多人都向往中国，我们这些老同志听了太自豪了！"激动的言语中，老人的家国情怀和老党员的政治本色尽显无遗。

70多年过去了，王根锁也从当初那个稚嫩的小伙变成白发老人，可他始终不忘自己是一个兵、一名战士。"国家已强大，你们尽可放心。"这是老人最想对逝去的战友说的一句话。

此文采写于2020年4月初，其余图片由王根锁亲人提供

抗美援朝老战士
郭三厚

郭秀丽

2020年10月25日是抗美援朝出国作战70周年纪念日。70年前，中国人民志愿军雄赳赳，气昂昂，跨过鸭绿江，同朝鲜人民和军队一道，舍生忘死，浴血奋战，赢得了抗美援朝战争的伟大胜利。

在府谷县有一位88岁的高龄老人，名叫郭三厚。70多年前，他不仅参加过解放战争和西藏平叛，还参加过抗美援朝战争，在硝烟弥漫的战场上，冒着枪林弹雨，同敌人殊死搏斗。今天，让我们共同走近郭三厚老人，了解他充满传奇的一生。

时年88岁的郭三厚

1954年3月9日 郭三厚（中）与陕西籍战友在朝鲜合影

出身穷苦　少年参军　　壹

1933年11月17日，郭三厚出生在府谷县古城乡前坪村一个贫苦的农民家庭，由于弟兄多、家里穷，12岁之前几乎没有裤子穿，更不用说去学堂上学了。

1948年1月，郭三厚报名参军，在晋绥军区二分区河府游击队当了一名游击队员，主要在内蒙古的清河、十二连城、喇嘛湾地区剿匪，那年郭三厚只有16岁。

1949年10月，郭三厚所在的部队南下继续剿匪，在四川省西昌市宁南县参加消灭国民党残余武装的战斗。当时，国民党残余分子勾结四川彝族头人企图反扑，被解放军一举歼灭。

抗美援朝　保家卫国　贰

1953年1月，郭三厚所在部队编入中国人民志愿军奔赴朝鲜战场，参加抗美援朝战争，并在血与火的战场上火线入党。

朝鲜气候寒冷，冬天气温常在零下三四十摄氏度之间，志愿军战士衣服单薄，战斗、生活条件异常艰苦。当时和美军作战常常是在夜间进行，部队行军时汽车不开灯，如果被敌人发现就会用飞机和大炮轰炸。郭三厚和他的战友们爬卧在冰冷的雪地里，坚持战斗，终于打败了美帝国主义侵略者。

郭三厚说，在抗美援朝战争中，志愿军战士都是抱着舍生忘死、保家卫国的信念上的战场。上战场前，每个志愿军战士都要写一封遗书缝在衣兜里，并在衣服上缝上一个白色布条，上面记载着家乡地名、姓名以及党员身份等信息，以便自己牺牲后，活着的战友能够分辨出是谁。

战争是残酷的，很多志愿军战士在一次次残酷的战斗中献出了年轻的生命，他们永远长眠在异国他乡的土地上，而郭三厚却有幸看到了抗美援朝战争胜利的那一天。战争结束后，郭三厚继续参与朝鲜战后的修复和重建工作，1958年和战友凯旋。

1977年郭三厚拍摄于西藏丁青县，
时任该县教育局局长

新婚不久　再赴前线

1959年，新婚不久的郭三厚接到组织命令，火速回到部队参加西藏平叛。郭三厚说："祖国哪里需要我，我就战斗在哪里。"他也是府谷县唯一参加过解放战争、抗美援朝战争和西藏平叛的军人。

在西藏平叛过程中，郭三厚向藏族人民学会了藏语。战争结束后，郭三厚转业到西藏自治区昌都地区，先后任丁青县尺牍区委、哈塔区委和色扎区委书记以及丁青县银行行长、民政局局长和教育局局长等职务。工作中，他和藏族同胞吃住在一起，吃的是青稞面，睡的是地板床。每次下乡时他都骑着马，马背上驮着青稞面、酥油等干粮。由于长期遭受高原风寒的袭击，加上朝鲜战争时经常爬冰卧雪，到了冬天他的大腿疼痛难忍，上下楼梯都有困难。

1980年，郭三厚回到府谷任府谷县粮食局副局长，直到1994年离休。

1985年3月28日郭三厚（前排右一）与府谷县粮食系统同事合影

　　从15岁参军开始，郭三厚先后参加了解放战争、抗美援朝战争和西藏平叛，然后从部队转业到西藏自治区支援边疆建设，他把自己的青春和汗水全部奉献给了伟大祖国！如今年过八旬的他，年老体弱，有冠心病、高血压、糖尿病等多种疾病，膝盖肿胀疼痛难忍，上下楼梯全靠女儿搀扶。2018年老伴去世后，郭三厚现一个人生活。

此文采写于2020年10月，图片由作者提供

老兵杨二老命

刘丽　张云

杨二老命参军照

　　杨二老命生于1930年，麻镇杨家峁村人。今年90岁高龄的老人说起自己随军参战的往事，已记忆模糊，语焉不详，加之听力失聪，采访交流极为困难。

　　他唯一能说清的是，1948年参加中国人民解放军，那年他18岁。他参加过解放宁夏的战役，参加过抗美援朝。至于参战的具体时间和部队的番号等信息均已说不清楚。采访中，浴血奋战的激烈场面他已淡忘无几，却对一个生活细节念念不忘。在朝鲜时，为丰富战士们的文化生活，部队经常组织官兵看电影，露天电影场上会有年龄相仿的朝鲜姑娘围坐在他们旁边。他反复说起这一场景，苍老的脸上笑意盈盈。

所获纪念勋章（部分）

　　杨二老命留存着一个复员军人证明书，内容显示：由中华人民共和国国防部颁发，时间是1956年4月25日，部别是3997。此外，他还留有一枚有"1954年2月17日全国人民慰问人民解放军代表团赠"字样的纪念勋章。

90岁的杨二老命下地回来

政府盖的新房子与老房子形成鲜明对比

杨二老命参军复员后回到老家务农，由于参军回来年龄偏大，错过婚娶良机，以至于终生未娶。他膝下无子，一生勤劳节俭，孤苦生活。他所住老房子年久失修，破烂不堪，家里陈设简陋，乌漆抹黑，土墙上挂着金黄色的"光荣之家"牌子格外醒目。不大的炕头边上放着一口棺材，他说这口棺材在炕头已经放了几十年了。

如今，90岁高龄的杨二老命仍然坚持下地干活，门前的瓜秧生机勃勃，花开正艳。他的生活起居偶尔有邻居照料，国家每年发放的各种补贴资金足够他生活，可惜有钱也没办法花。今年麻镇在脱贫攻坚战中给他盖了一座新房子，购置了新铺盖，但他舍不得用。

采访之余，不胜唏嘘。那段烽火连天的峥嵘岁月已流逝在历史长河当中，却不知有多少像杨二老命这样的普通战士一生都在时代的洪流中自力浮沉，默然承受。我们唯愿人们能记住他的名字，因为在保家卫国的功劳簿上也有他一笔。

此文采写于2020年9月8日

地方风物

谷史
府文

05

说府谷

王六

荣河书院位于府州城大南门下，始建于清乾隆三十五年（1770）

　　要问为什么府谷能集地理标点、军事要点、文化结点于一处，说来还真有几分沧桑，有几分豪迈，也有几分沉重。

　　打开陕西地图，府谷的位置十分醒目，人们形象地称其为陕西兵马俑头上的皇冠，这一点也不为过，只是这样的表述太过形象，抛开"鸡鸣三省"陕西最北的县的第一印象不说，如果不被视觉错觉所迷惑，府谷事实上还是陕西东极。

陕西北极北纬39°35′，在府谷县古城镇王家梁村，该村为国家地理标志保护产品海红果王国，满山遍野的果林中有一株海红果树王，占地半亩多。海红果为果品"钙王"，属滇池系西府海棠品种，近年名声渐起，只产于晋、陕、蒙三省交界地极小范围内，何能落脚于塞上，难以说清，但一个"国家地理标志"，本身就是故事。

陕西东极东经111°15′，为府谷县黄甫镇段寨，这段寨是向东突入黄河的一个半岛，依山傍水，风光宜人，只是半岛太小，在省级地图上显现不出，进而造成世人知府谷北，而不知府谷东的误会。

如果以为府谷只有这两个地理标点，那也就太小瞧府谷了。府谷墙头尧峁村还有黄河入陕第一湾，其乾坤勾连的太极图，为自然奇观，当地人叫蛟龙湾，不论蛟龙还是尧峁，中华文明底蕴扑面而来。这蛟龙摆尾出水处，有一像天然坝体的山崖，以横截黄河之势，让黄河倒旋回圆，可能就因这一阻力让黄河流速变缓，所以这里就成为千里黄河的临界点，此点以上冬季千里冰封，以下除极端气候，冬季流凌而不封冻。正是这一地理特征，让老祖宗确定了长城入陕起点，因为黄河封冰即为桥，在凌界点以上筑长城实无意义。

既然是地理奇观，人们总要想办法弄出一点响动来，不知哪年哪月，也不知何人何意，在面北的黄河南岸石崖绝壁间，只有黄河发大水时才能探得到的高位处，凿出两个纵向相连的窨子（石窟洞），当然，人们也给了个说法，说这是赵匡胤习武藏械洞，因为墙头乡赵家山本身就有赵匡胤出生地的传说，只是考证已无意义，传说还在传说。

不过，中国人十分熟悉，对中国十分重要的几条线——黑龙江瑷珲至云南腾冲的中国人口密度对比线，也叫胡焕庸线；中国中原文明与草原文明38°缓冲线；万里长城线；都经过府谷。然从水文水系来衡量，府谷在榆林市又是一个相对独立的单元，总体地貌以黄土高原丘陵沟壑为特点。榆林市"四河四川"水文地要，"四河"由北向南依次为窟野河、秃尾河、佳芦河、无定河，而"四川"为黄甫川、清水川、孤山川、石马川，就都在紧傍黄河的府谷，且均为黄河一级支流，又因其地接毛乌素沙漠，这"四川"是黄河淤积粗沙的主要来源。

地理标点，天然决定府谷成为军事要点。事实上，在中国历史长河中，府谷也一直以边境要塞存在，就是今日榆林市之大名的渊源，也来自蒙恬驻上郡、收河套、建榆中，"以河为境，垒石为城，树榆为塞"筑长城，开疆拓土时所设的榆溪塞，隋大业三年（607），置史上第一个榆林县，县治十二连城，就在府谷北邻内蒙古准格尔旗黄河边上。中国长城与黄河两大人文地理标志，交会点就在府谷墙头村石窑坝上。

2017年8月竣工，全长800多公里，被称为"中国1号公路"的沿黄公路，起点也在墙头村，沿河南下至华山脚下，直通关中，府谷这个离省城最远的县，反倒成了新旅游热线上的热点。沿黄公路北端，是一极致丹霞地质奇观——莲花辿，五彩斑斓，疑为仙境。府谷县城向北十多公里路，今天桥电站站址，历史上可是黄河上的一自然造化，与壶口"天下黄河一壶收"对应，这里是晋陕峡谷最狭处，聚万顷于一峡，形成"天下黄河一杯收"之平湖状，有诗形容："两崖偪侧无十步，万顷逡巡纳一杯。"冬季结冰成桥，天堑变通途，故称为天桥。

不过历代帝王、兵家看上这里的不是山川风光，而是山形水势，也就是说，中国自有国家概念起，府谷就被推上历史前台，成为拱佑中华的前卫，成为抵御外辱的桥头堡。长城因战争设，战火因长城而来，可以说从上郡始，府谷这片土地就历经铁血洗礼，在刀刃上游走。整个魏晋时期为匈奴所据，南北朝又为鲜卑占领，北周、隋回归为边地，唐有了府谷镇，由于军事位置重要，五代后唐升镇为县，天祐八年（911），设府州。

这府州生不逢地，在相当长的历史时期，可是"鸡鸣三国"，在那个拿拳头说话的时代，强邻压境，这样的地理可不是值得炫耀的好事。在整个"积富极弱"的北宋，府谷先与辽、夏，后与金、夏对峙。回看自豪又悲壮的县史，每一次潮起潮落，都是血水洗地、生灵涂炭。每当国力强盛，也是皇恩浩荡，像隋炀帝、康熙帝就都曾临幸府谷，并吟诗作赋，显摆威风。而一旦重兵压境，形势危急，海潮就会迅速退却，这里就会因庙堂之远，而成为忍痛割爱之"爱"，正应了《潼关怀古》"兴百姓苦，亡百姓苦"那句老话。

　　靖康元年（1126），北宋王朝割让麟、府、丰三州与西夏求和，因知府州的靖康军折可求在意国恨家仇，未予响应。"靖康之难"，折家后裔一支勤王南迁，朝廷亡而府谷在，次年在弹尽粮绝、孤立无援的绝境中，折可求率麟、府、丰三州降金，为除心头之患，金将折氏家族迁往青州。折家军悲情谢幕，从此南望王师成了一句梦呓。1139年，西夏攻陷府州，怀着对府州折家军的深仇大恨，屠城、掘坟、鞭尸，一个多世纪府谷元气大伤，无以为继。1234年金亡，府谷处于自治状态。1269年元攻陷当地人称为永宁府的府州城，再遭屠城，以至留下"永宁府，死得苦"的满腔悲愤与不甘。

　　府、麟之州，之所以能从唐至北宋，始终为中原中央政权的北方屏藩，皆因府州有折家军世代经营，独当一面，撑起一片蓝天。

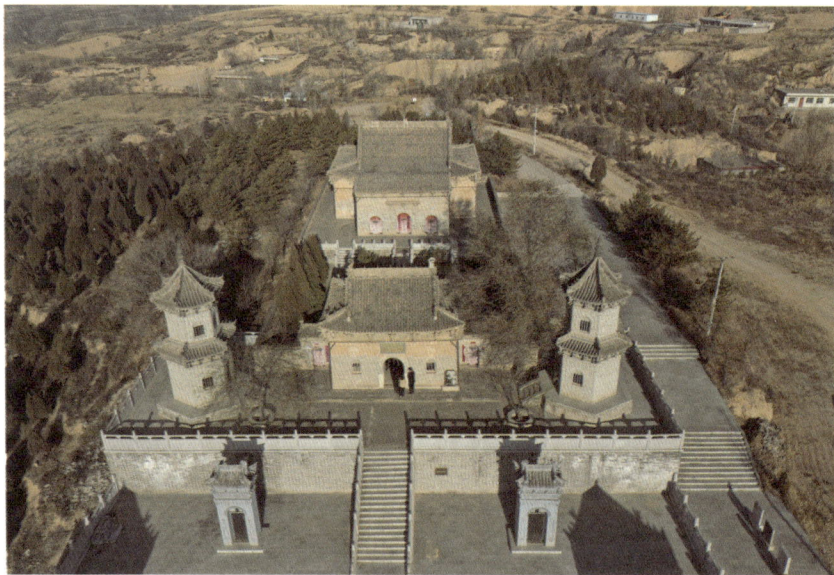

七星庙，又称无梁殿，相传建于唐，是北宋名将杨业与抗辽女英雄折赛花成婚之地

今府谷县孤山堡山梁上，有一座相传建于唐代的七星庙，因北宋名将杨业与抗辽女英雄折赛花在此成婚，原本寂寂无闻的塞上道教场所一炮走红，成为国人心中的圣地。七星庙主体建筑昊天宫，大殿屋顶为九脊歇山式，单檐斗拱，磨砖对缝，顶部八面收缩，到顶尖部分，又成圆形收缩，一砖盖顶，无梁无柱，又被称为无梁殿，为全国重点保护的蒙汉融合风格的建筑实物。

折赛花作为中华妇女的杰出代表，让人钦佩，折家军跃马弯弓、拱卫边陲的事迹让人感动。折家军本属云中鲜卑折掘族裔，由于受北魏孝文帝汉化的影响，从先祖折华于唐时由代北迁入府谷，历经十代近三个世纪，世袭十四将知府州206年，从振武军到永安军、靖康军、保成军，从都马使，到刺史、节度使，始终以中华一体为本，率众御边，历唐、后唐、后晋、后汉、后周、宋，以府麟二州为根据地，在与辽、西夏、金的攻略中，金戈铁马驰骋于长城内外、大河上下，保一方平安，为中华第一将门之家当仁不让。

折家军在大唐风雨飘摇之际，和五代十国乱世中，纵横捭阖，夺得麟府统治权。折从阮为后世立下"以武立家，忠勇立世，忠孝朝廷，浴血塞外"的家训，更抵御石敬瑭割让燕云十六州的卖国行为，保住了十六州属地府州之地，也保住了折家军威震一方的地位，更明证"世代将门、忠勇爱国"的折家军，事国而不奴于王的高风亮节。折家军苦心经营的负山阻河之府州城，也成为全国重点保护文物。

在宋军北伐连战连败，士气低落之际，折御卿以少胜多大败辽军于紫河镇（今内蒙古浑河），让"契丹知所畏"。在折家军世代接力中，既有折继闵在榆阳川（今神木黄羊河）、柏子砦、兔毛川（秃尾河）与李元昊正面对决，三战三胜，重挫李元昊锐气，为大宋挽回仅存一点颜面的经典战例，更有救火队长折可存，以计擒夏人酋长女崖、平方腊起义、捕声名显赫的梁山泊首领宋江三功，升武功大夫之高光时刻。

从麟州杨业、府州折赛花，到绥州韩世忠、梁红玉，到米脂李自成、高桂英，陕北夫妻双雄、弄潮时代，成为中华文明的一抹亮色。杨家将、折家军，一座府州老城，一支折氏家族，就是一部家庭版中国战史。

从折家军看中华大地分分合合历史节点，让人悲喜交集，而率先打响武装反抗明王朝反动统治第一枪的王嘉胤，则扭转乾坤，让陕北群英赴会，激荡时代。

崇祯元年（1628）陕西大饥，礼部侍郎中安塞人马懋才，奉命回陕察灾，遂成《备陈大饥疏》："臣乡延安府，自去岁一年无雨，草木枯焦，城外之人炊人骨以为薪，煮人肉以为食。"灾情之重惨不忍睹，然比天灾更可怕的是人祸："且有司束于功令之严，不得不严为催科。"官要民反，民不得不反。

　　天启八年（1628），府谷王嘉胤与吴廷贵聚众揭竿而起，扛起明末起义大旗，到崇祯八年（1636），从陕北群起响应走来，各自为战的农民军退聚到河南，"闯王"高迎祥、"黄虎"张献忠、"老回回"马守应、"曹操"罗汝才、"革里眼"贺一龙、"过天星"惠登相、"左金王"贺锦、"改世王"许可变、"混天王"张应金、"顺天王"贺国观、"九条龙"张飞、"射塌天"李万庆、"混十万"马进忠之十三家七十二营，在荥阳举行大会，商讨战略。李自成"一夫犹奋，况十万众乎！官兵无能为也。宜分兵定所向，利钝听之天。"四面攻战方略，为众将采纳，一举扭转战局。李自成马踏幽燕，定鼎北京，王嘉胤当属首功。

府谷明长城遗存

清军入关，皇上在紫禁城的屁股尚未坐热，即下达封禁令，首先是东北龙兴之地封禁，这来自文化不自信，设想坐不稳江山就跑，回老家从长计议。但封禁蒙汉边界，沿长城线北向五十里内汉不得耕、蒙不能牧，好像有点不通人理。其实理由也简单，虽然是满蒙联合执政，但公主可以给，地盘可绝不含糊，这点与陕北"土地不让人、老婆不让人、吃药不让人"三不让的道理一样直白，也符合"卧榻之侧，岂容他人酣睡"之丛林法则或安全守则。封禁是为了防止蒙汉勾搭，影响大清统治，况且米脂出了个李自成，余波未平，不过还是过虑了，"崖山之后无中华"，大清皇帝在紫禁城一待就是268年。

实施封禁，府谷历史地又成了民族分治的边地。事实上，哈拉寨、古城、黄甫这样的西口，石窟寺这样的藏传佛教寺院，是很难一封而禁的。不过这封与放，又引发了中国近代史上与"下南洋""闯关东"并称"三大人口自发迁徙"的"走西口"，也引发了中国历史上又一次文化大交融，府谷走西口出发地、目的地的双重身份，以二人台为代表，重塑了自己的文化形象。

一曲悲凉的《走西口》，常人想到的歌者都想到了，常人没想到的，歌者也想到了，不厌其烦，切切情深，"老羊皮袄顶铺盖，谁人逼得我走口外？"具有讽刺意味的是，能走西口竟是一种恩赐。

康熙三十六年（1697），康熙御驾亲征噶尔丹，途经府谷、神木、榆林，一路禁留地因荒弃而被百姓称为"黑界地"的萧条，与内地的民不聊生，形成巨大反差，让康熙帝不明就里。恰此时鄂尔多斯王贝勒阿松勒布奏请开放封禁地"愿与民人伙同种地，两有裨益"，康熙"俱如所请"，于是有了供垦的"伙盘"，从而引发中国历史上一次西部大开发，带动了一次人口大迁徙。府谷沙梁关帝古庙，至今尚存记载走西口约法三章的石碑。陕北长城近南北走向之方位，人们西出长城关口谋生，就有了"走西口"一说；来此耕作的汉人，必须春来冬返，就有了"雁行人"称谓；"雁行人"叫天不应，叫地不灵，背井离乡只能搭伙居住，就有了"伙场"。"年年走口外，月月不回来"，不知淘尽了多少陕北婆姨的辛酸泪珠，唱出了多少陕北情侣的爱情悲歌。《走西口》撕心裂肺的吟唱，拿生命赌生活，这就叫生活所逼。

从1697年起，到1955年我国建立户口登记制度，限制人口流动，长达258年，畸形庞大的盲目人口流动，信天游式的《走西口》《绣荷包》《赶牲灵》，已不足以承载走西口这一社会现象的音乐、艺术诠释，与民歌分流的升级版曲艺形式的走西口类表演体裁二人台诞生了。初始为增强吸引力扮相为一丑一旦，坐唱表演，也有了专用名称叫打坐腔。

作为新生艺术体裁,要打开一片天地,也得借势发力,用时兴话讲叫借台唱戏,于是艺人们靠与道情班、耍玩艺穿插表演,占台分羹。为赶场入户,催生了相对固定的表演节目,这是发展提炼阶段,名字也随之称为风搅雪。

为谋求生存发展,适应竞争,艺人们有了团队意识,搭建表演班子,有了服装道具,表演也非简单的一丑一旦,而是发展到有场次表演歌舞、戏曲情节的剧目,有纯器乐表演的曲目,有即兴表演的牌曲。伴奏乐器也形成了独具特色的三大件:枚(笛子)、四胡、扬琴,表演日臻成熟,但简陋的行头,打几个包袱即可再出发,所以也被称为打软包。

丹霞地质奇观——莲花辿,五彩斑斓,疑为仙境

二人台有明显的民族文化融合色彩,曲、歌、戏体裁灵活应用,深受当地百姓喜爱,直到1953年全国首届民间音乐舞蹈会演大会

上，由丁喜才自弹（扬琴）自唱《五哥放羊》《尼姑思凡》而一鸣惊人，二人台才有了出人头地的机会，丁喜才也因此成为第一位民间艺人音乐教授，走上上海音乐学院讲台。二人台却因师出无名，仅仅以来自榆林，而被误称为"榆林小曲"。

也可能是军人懂得地利，1937年8月，抗战全面爆发后，打响武装反抗日军侵略第一枪的马占山，以"东北挺进军司令"身份，率部进驻府谷哈拉寨。更有意思的是，这时边远的哈拉寨竟成为省政府所在地，不过这个省政府不是所属的陕西省，而是远在千里之外的黑龙江省，与东北挺进军司令部同时在此挂牌，直至1945年8月撤离。

"中日战至黄河"命理，也因府谷保卫战，成为日本侵略军唯一战过黄河的军事行动。1938年3月2日早上，侵华日军600多人强渡黄河，攻击府谷城，遭遇同仇敌忾防守军民的强力阻击，激战至下午5时，日军只得收敛嚣张气焰，撤回保德。

明清时代，南北黄河航运的繁荣，走西口东西经济文化的交流，府谷径自形成野性、神秘又独特的地域文化。大块吃肉、大碗喝酒自不必说，酸粥、熟米、米凉粉等独特粟黍饮食，吃出了豪迈。客人远道而来，主人会以府谷特有的尾调上扬亮腔，大声吆喝："寻将酒来！先喝酒！"这口气，清醒者知道来到了府谷，稍有走神，会以为进了梁山水泊；言女孩漂亮谓"国香"，好像又到了开封府。那"李六十三""王三狼啃不动"的脏、贱、动物类人名，现在已不多见，但这样的姓名习惯留给人的那份简约洒脱，那泥土风尚，反倒有几分亲近。即使民间面花，也让人目瞪口呆，中元节"面人人"，大可至真人大小，要分部蒸制，再组装并彩色点缀，最常见的用场是给未过门儿的媳妇家送，其神秘色彩，与当地偶尔露峥嵘的跳神一样，总给人以无限遐想。

边境战事的惨烈，边地走西口的悲楚，总会使人伤感，其实，上天总是慈悲的，只是地下有宝人不知而已。黄河岸边常王寨村，就有一世代留存、当地人见怪不怪的"火峡"，这火峡是一地壳裂缝，一年四季冒着烟火，这实际是煤田自燃的信号，但一直未引起人们重视。谁能知道，时间进入20世纪80年代，陕北能源的大发现、大开发，府谷异军突起，从世界第七大煤田"神（木）府（谷）煤田"的开发，到世界镁都地位的确立，特别是在陕北率先突破的乡镇企业快速发展，府谷在陕西第一拨进入全国百强县行列，一鸣惊人。"府谷保德州，十年九不收，女人掏苦菜，男人走口外"，已成过去，王向荣一曲"走西口的人儿回来了"，与时俱进，东向发展更成为进行时，那西煤东运源头地、西气东输首发地、西电东送枢纽地的后劲，正把府谷、陕北的热情，传遍全国。

此文原载《榆林日报》，作于庚子春，图片由张怀树提供

王六，大名王建领，1958年生，陕西米脂县人，陕北文化学者，国家级非物质文化遗产"陕北民谚"传承人。

梁龙头，抹不掉的记忆

郭明华口述　傅凯顺整理

梁龙头明长城遗存（苏继平 摄）

　　长城过黄河进入府谷经墙头、麻镇、清水、赵五家湾、木瓜、庙沟门、三道沟、新民至城峁过界沟进入神木，府谷境内全长百余公里。长城横亘西北，黄河绕其东南，形成了府谷独具特色的长城黄河文化。府谷境内的长城也是一条龙，它的龙头叫作梁龙头，位于莲花辿西侧，是河曲至麻镇的必经之地。梁龙头有巍峨的寺庙，有弯曲的西口古道，还有许许多多离奇的故事。

关帝庙

壹

梁龙头曾有座规模宏大、建筑精美、僧侣众多、香火旺盛的庙宇——关帝庙。关帝庙是随长城的修筑而建造的。明朝成化年间修筑长城，抵御鞑靼、瓦剌等少数民族的入侵，明朝军队依仗长城打了不少胜仗，使中原老百姓过了一百多年安定和平的日子。沿长城的堡寨都有明朝驻军戍边，同时大明朝廷又从山西大槐树大量移民实边，长城沿线人口不断增加，农业生产迅速发展起来。沿长城线的军民需要一个共同的精神依托，关圣大帝就是最好的选择，关帝既是边关将士的精神支柱，也是普通老百姓敬仰的人物。在军民的共同影响下，在梁龙头建起一座关帝庙。

梁龙头鸟瞰图（王锋 摄）

关帝庙南北有两个城门楼，一称风楼，另一称雨楼，统称风雨楼，通过风雨楼即可进入关帝庙。关帝庙坐东向西，正面五间，起脊斗拱飞檐。正中是关圣大帝，下边是关平周仓，关圣大帝手捧《春秋》静坐沉思，整个大殿雕梁画栋，庄严肃穆。正殿两边两间小殿，一边为财神殿，一边为土地庙。正殿前边是一个抱厦厅，抱厦厅由四根巨型明柱支撑，四面攒顶与正殿紧密相连，走进抱厦厅给人曲径通幽、神秘莫测的感觉。正殿歇山式建筑，峻拔陡峭，四角轻盈翘起，玲珑精巧、气势非凡。既有北方建筑的雄浑气势，又有南方建筑的俏丽风格，是多种建筑风格的有机结合。正殿对面是一座戏楼，戏楼是单出檐，俗称蹶子房，房檐前边有拱式券棚，券棚前边是出檐。带券棚戏台是所有关帝庙的一大特色。戏台左右两侧为挎房，前台两侧以扇形向左右延伸，整个建筑庄重大气，古朴典雅。庙南侧是观景长廊，长廊长约20米，宽约2米，左右有木雕护栏，底下就是深不见底的莲花汕沟。站在长廊可眺望河曲县城。黄河流经河曲拐了一个90度的大转弯，淤积下一块几千亩的黄河滩地，因此，把这里叫作河曲。侧耳细听可听到黄河巨浪的轰鸣声。向南可鸟瞰黄甫川，麻镇也在视线之内，近看莲花汕风景尽收眼底。微风吹来，凉风习习，让人心旷神怡，如入仙境。寺院门前有两尊大石狮守门，石狮威武雄壮，雕刻精美，石狮前边是高约3丈的旗杆，旗杆遇过会经常彩旗飘飘，迎风招展。寺内茂林修竹，陆池亭榭，焚香默坐，深自省察，则物我相忘，身心皆空。寺外绿树满山，丹霞映日，灿烂一片。夏雨冬雪，气象万千，美不胜收。

传说明朝年间，鞑靼大队人马犯边，逐虏台守军赶紧点燃烟火报警，鞑靼人马快到长城脚下，还不见救援人马，逐虏台守军准备拼杀，这时突然阴云密布、雷声大作，只见一个红脸将军手提青龙偃月刀，骑着赤兔马，在长城上往来奔走，长城上战旗猎猎，刀剑森森，杀气腾腾，鞑靼人马一看明军的守边架势，早已吓得心胆俱寒，掉转马头狂奔而去。关圣大帝屡次显圣，吓退鞑虏，多年来口口相传，让人津津乐道。

20世纪四五十年代初梁龙头关帝庙香火旺盛、信众如云，寺院有众多僧人，僧人们自己耕种，放牧牛羊，过着自给自足的僧侣生活。每年农历七月二十梁龙头关帝庙过庙会，周围十里八乡的老百姓都来敬香看戏，人头攒动，熙熙攘攘，盛极一时。七月二十正是西瓜上市的季节，梁龙头庙会最具特色的活动就是打西瓜比赛。打西瓜比赛的规矩是黄瓤为上，打出黄瓤不管好赖都能赢，其次要看瓤口的好赖决定输赢，赢家白吃，输家出钱买瓜。

府谷解放以前，梁龙头属府谷县管辖。1948年府谷解放当年成立河府县，县政府所在地麻镇，梁龙头属河府县。河府县辖府谷东部，黄甫川、墙头地段及河曲县黄河以西部分地区以及准格尔旗南部。同年8月撤销河府县，梁龙头划入内蒙古自治区准格尔旗。1958年初，准格尔旗大礼村将关帝庙拆毁移作他用，现仅留部分残垣断壁，原来庙前有一石碑也早已不见踪影。站在梁龙头远眺莲花礼美景，不禁让人思绪万千，感慨良多，如果能修复梁龙头关帝庙，那该是多么美妙的一个旅游景点啊！

长城墩台边遗落的残砖断瓦（苏继平 摄）

西口路 貳

　　走西口是河曲、府谷人的重要移民活动，从清朝康熙年间至1982年，大量河曲府谷人踏上西口路至内蒙古谋生存、谋发展。府谷人有多条西口路，其中最重要的东川即黄甫川，西川即清水川。府谷西部地区与内蒙古地土相连，有多条道路可到西口外。河曲人走西口有两条路，一条是过黄河到灰口，翻两座山经十里长滩进入内蒙古，这条路要翻山，翻山都是人行小道，曲折难行，常有野兽出没，只有少部分人为捷径才走这条路，另一条就是过黄河，从大汕沟进入莲花汕至梁龙头，由梁龙头再下山经羊肠沟，过黄甫川河至麻镇，麻镇至古城然后进入内蒙古。河曲渡口在南园村的八墩，乘船过河就是大汕。由大汕盘山而上有一条牛马车道，道路不宽，只能放一辆木轱辘牛车，上下会车要找较宽的路段相会而过，由于常年有车行走，道路畅通无阻。河曲人赶着牛车盘山而上至梁龙头刚好是一小站，或休息或吃饭打尖，当然也要敬神祈福。赶天黑至麻镇刚好是一天的行程。那时河曲府谷走西口的人多，这条道上车水马龙、川流不息，每年七八月到了卖花果季节，河曲、府谷卖花果的牛车都汇聚在这条道上，有往出走的，也有往回走的，你来我往就像流的一股水一样。有耐不住寂寞的车夫们时而吼上两嗓子山曲，寂寞的西口路顿时活跃起来。走西口的河曲、府谷人在内蒙古种地打下的粮食，要运回口里，走陆路都要经过麻镇过梁龙头回河曲。1951年陕北遭灾，国家从东北调运救灾粮经黄河水运至大汕，然后用牛马车经梁龙头运往府谷各地。"河曲保德州，十年九不收"，遇灾荒年、逃难的难民拖家带口走上漫漫的西口路，走梁龙头关帝庙，僧侣们都要施粥救济，或赠路费盘缠，使那些孤苦伶仃的难民得到一丝温暖，增添了求生的信心。西口路是逃难路，使无法生存的难民求得了一线生机；西口路是商贸路，沟通了口里口外，促进了蒙汉交流，促进了两地的经济发展；西口路是创业路，许多有志创业的河曲、府谷人通过西口路到了内蒙古，内蒙古地域辽阔，土地广袤，遍地牛羊，水系纵横，经过多年的努力打拼，不仅解决了温饱，很多人还闯出了一片属于自己的新天地。

现在麻镇至河曲经贾家湾修通了柏油公路。昔日途经梁龙头的牛车道早已不见踪影，梁龙头的悠悠古寺，途经梁龙头的隆隆车马大道，成了河曲府谷人心中抹不掉的记忆。

此文作于2020年7月

虎头山

"龙啸"石岩

胡桥沟探奇

安锁堂

（一）

出府谷县城，沿黄而下，行30公里至园子汕，河西岸斜刺里冲出一条峡谷，溪流潺潺，汇入大河。峡谷宽百尺，高万仞，两壁石崖，草木依畔，临崖立壁，忽有回音；若一人穿峡，森森然；一条溪流，宽丈许，深盈尺，蜿蜒呈无数S形，恍若游龙，间有大旋，清澈见底，偶见鱼虾游弋，转眼潜入深处；水色碧绿，水下白草、卵石、浮藻清晰可见，在阳光映衬下，便似一幅美妙的油画。溪流源自神木苏家川，穿行至此，因著名的虎头山山腰有明清古刹名胡桥寺者，故将这段至黄河的石峡称为胡桥沟。

虎头山高50余丈，岩石悬空，凸现虎首，獠牙外露，虎视眈眈。虎头山下，四河相绕，犹如四龙戏珠。登上东山，放眼望去，美景妙如诗画，此刻，你不得不慨叹大自然造化之神奇！

（二）

虎头山，整座石山极似一只卧虎，虎身顺梁畔而过，长千尺余。传说此石虎曾逐年往长往高长、头往前探，古人以为怪，惧其伤人，故在石虎左旁石崖上凿刻一尊石佛，并在虎头下山腰处，建胡桥寺院一座以镇之。

寺始建于何时，未考。临崖有旧时人工修建石畔，长约千米。巍巍庙宇群，佛道诸神齐全。一位郭姓村民说，旧寺院神像是他1968年亲自拆毁的，那年他18岁，全听组织的。当时穿心殿塑着哼哈二将，高3米，正殿里为三世古佛，西殿阎王阁，东殿关老爷，外殿娘娘庙，庙内壁画生动，最多时有僧人20多人，寺院有地120垧，香火旺盛，是一个大去处。现存旧建僧房7间，旧叶楼中梁横柱上有字，依稀看出"乾隆十九年合社众姓重修"字样，佛道诸金身为新塑。胡桥寺属县级文保单位。

关于胡桥寺之得名，版本不一，而官载与民传又不同，但皆同狐狸的传说有关；最先叫"狐桥寺"。清乾隆《府谷县志》载："石崖甚高，崖半空悬石佛一座，其山如虎形，又有寺名狐桥，两山接连，其状似桥。曰狐桥者，旧传修寺时，议在平滩建寺，夜间木植等物忽移在此地，旦视之，狐迹甚多，故名曰狐桥寺。后有人恐涉怪异，改为胡桥。"

属地武家庄镇郭家峁村68岁的郭怀子老先生却另有一说：传说古时候，寺里住着一位老僧。吃斋念佛，好行善事。距离古寺三里处那个滩本名簸箕湾，湾里老榆树下有狐穴。老狐狸经百年修炼，采日月之气，已修炼成精。昼伤畜、夜伤人。老僧意欲除之久矣。一天傍晚，有一白须老头来到寺院向老僧讨烟抽。僧识破为妖狐变，欲除之，恐不敌，隐忍作罢，以待时机。狐连续三夜，讨烟如故。第四夜，僧备烟以待。狐旋至，僧递烟杆于窗户外，为狐精点烟。狐噙烟猛吸一口，"轰"的一声，哀鸣曰："好——硬——的——烟！"原来僧递出的是一支装满了火药的火枪。僧出门视之，白胡老头不见，但见一只血淋淋的老狐狸怒目圆睁，悻悻然转身消失于夜色中。翌日，僧呼集僧众及百姓，使各手持棍棒器械，循血迹至榆树洞，众将受伤老狐精击毙。从此，方圆太平。簸箕湾也被称作"击狐湾"了，也叫"墓虎湾"。

胡桥寺

　　我跟着村人，来到击狐湾，现在滩地早已成了30来亩一湾枣树林了。此后，这座古老的寺院便被称为"狐敲寺"。或因不雅，或因他故，后来人们把"狐敲寺"改为"胡桥寺"了。

（三）

　　胡桥沟悬崖上多石洞、石窟、石窖子。清乾隆《府谷县志》载，虎头山乃"明艾万年剿贼处"。此处的"贼"，即指明末农民起义军。明后期政治黑暗，加之陕北一带连年旱灾，境内绝粟，草根俱尽，饿殍载道，死者枕藉。天灾之外，百姓还得承担北部边关的苛役重赋，"官府征粮纵虎差，豪家索债如豺狼"，百姓处于绝境。崇祯元年，府谷农民王嘉胤率饥民百余人揭竿而起，揭开了轰轰烈烈的明末农民大起义序幕。起义军自然遭到官兵围剿，"遂各潜藏于深山大谷，极险窑窖。"虎头山隔沟阳背石崖半空即有5处石"窑窖子"，天然石窟更多，地势险要，为起义军所占据。石窖子里藏有碾磨，村民说有一个石窖子通山，长几里，通到邻村刘家峁，应为藏兵洞。艾万年原为神木参将，参与剿灭"点灯子""不沾泥"，继而败"八大王""扫地王"，新提升为副总兵。起义军一度占据虎头山后，艾万年率官兵于此围剿之。史书记载艾万年曾于明崇祯八年二月上疏言："臣仗剑从戎七载，复府谷，解孤山围，救清水、黄甫、木瓜十一营堡。转战高山，设伏河曲，有马镇、虎头岩、石台山、西川之捷。大小数十战……"疏中说的"虎头岩"即虎头山。艾旋升为副将，击李自成于宁州之襄乐，战死。村民说他们村有处"活埋人"古墓群，已经被盗出三四十个坑子。我跟着去考察，每个坑子里有两三人的骨殖，没有棺木，村民说可能为古代传说的埋"活人坑"，我疑为有起义军将士阵亡后，百姓不忍其暴尸荒野，遂把他们集体埋葬在这座山梁上，故既无棺木，又一个坑子里放进去两三具尸体掩埋之，待考。

背崖上四五处石窖子旧时以悬梯攀，年久悬梯毁，不可攀。阳石窖子4丈深，3丈宽，有石门；进去又有石洞，猫腰而穿，外通悬崖，上有石刻碑记，字迹依稀可辨，云："康熙三十六年。祖郭玘高买杨丁二姓地，凿窨子崖窑。又有父崇昌（于）五十五年修作至雍正五年功完。吃用功价盐米一百三十石。石匠打碑张增贵。乾隆七年岁次壬戌己未吉日立。孝孙郭开奉。"此碑大意是说：郭开奉爷爷郭玘高买杨丁二姓地，凿修崖窑窨子。父亲从康熙五十五年开始接着修，到雍正五年方竣工。两代人前后耗时30多年，吃用米盐共计130石。足见其工程量浩大。现在窨子、石洞、石房等遗存可考。至于石崖上的天然石窟，远观之，外口被石块所垒堵，疑为古人埋死者的"石葬"。

（四）

出窨子，登石山，过"一线天"，悬崖巨石上，有新石器时期人类活动的遗存，几块巨大平坦的石檐上，有新石器时期的石臼、石碓子、石碾槽，村民经常捡到石锤石斧，山梁地表有绳纹等陶片，足证其为龙山文化遗存。远古人类繁衍生息地，最基本要具备三个生存条件：临河、有森林、有天然栖身处。临河有树，可猎可渔，此石崖上到处是天然石洞石窟，可供先民遮风挡雨，防止猛兽侵害。通山梁竟然有座尚未被人发现的占地20多亩的古代石城遗址。石城疑为两个文化层的断代遗址：一为远古石城，插花石所筑，临崖；一为大石块所筑。村民说城内出土过陶器、青铜钟、五铢钱币，还在一座古墓里出过一件白瓷器，只有在灯光下才能看见瓷胎里有条龙，村民称为"暗龙"，同墓里出过梅瓶，等等。因此，我分析此地分别在远古和战国秦汉时代建筑过古城池；古墓也分别为龙山文化、战国秦汉时期及宋代墓葬，待考。石城环山而建，三面临悬崖，一面有200多米通梁石城墙直达山巅，十分坚固。古城遗址现被老百姓称为"城墙湾"。

古城外之北石崖上，凌空凸显一天然"人像石"，径约1丈，高3丈余，头戴将军帽，村民称为"将军石"。郭家峁村虽偏僻，清代出过郭姓举人，民国出过县长，而将军石左上方有户人家还真出了一个将军，名郭树山，曾为某部副师级首长，其子也曾为西安某区正县团，已退休。沿着崎岖的石崩路下去，俯瞰一道山梁，村民指说那叫"蝎子摆尾梁"，一经提醒，那还真像一只巨蝎，并说清末村人有叫郭务祥者，去山西经商发了财，曾在这座梁上埋进去300块白洋，后突然亡故，未及安顿，山梁太大，杂草及腰，谁也不知埋在什么地方。近年有人盗过，挖了几个坑，没找着，"黑水"了。

（五）

村干部说，前面沟里有大石湾，叫盐奶河，产盐。于是下了蝎子梁，顺石峡而行，溪水淙淙，却在一块巨石下盘旋曲绕，水中鱼儿嬉戏。村民介绍，这里水深，里边有鲤鱼、鲶鱼、鲭鱼、甲鱼等。盛夏，邀三五好友，带上啤酒来此，跳入溪里抓鱼，放浪形骸，快然自乐，然后在石盘上烧烤，大有曲水流觞韵味，尽情享受大自然的乐趣。

一会便到盐奶河。但见，百丈高的悬崖上，仿佛飞天而降的匹练，又像染坊刚从上面垂挂下来的布匹，一绺白、一绺黑、一绺黄，三色相间，煞是好看。一村民说，那白色的便是盐，一种非常好吃的盐，过去，他来此，一天能刮两担盐。为什么这个悬崖石湾上产盐？他给我讲了一段优美的传说：很早以前，这石崖里住着一头盐牛，喜吃豆角，河对面坡上长出一尺二寸长的两个大豌豆角，盐牛如把这两个大豌豆角吃了，就会成仙。这天，牛从石崖探出头来，欲用长舌卷豌豆角，恰在此时，被过路的罗汉看到，双手拽住牛角，牛倔往回退，结果，双角被罗汉拔下，形成了现在这两个一丈粗的石洞，又仿佛临河帽状石庵里的两只眼睛。此后，这个石崖湾便出来盐，故也叫"盐牛湾"。为什么这个地方远古就有人类繁衍生息？原来有盐。盐是人类身体发育、生存不可或缺的矿物质，古代没有冰箱，盐又是保存肉、鱼、奶、菜最佳的防腐原料，此地山大沟深，交通不便，建城驻军，除地势险要外，食盐问题就地解决，应是先民选择在这里生存的理想选址。

"犹挂彩练"的盐奶河　张怀树摄

　　来胡桥沟，欣赏千百年来风雨剥蚀自然形成的无数雕塑艺术实为一件快事。沿沟往里走，路旁遇到一摊"玛尼堆"。玛尼堆是垒起来的石头，呈下大上小阶梯状，石堆庞大，内藏有禳灾镇邪经文，怎么在这个地方竟有如此壮观的"玛尼堆"群呢？不得而知。两崖上天然风化石，有的若雄狮，有的像花豹，有的如雄鹰，有的似落雁，有的酷似鳄鱼，有的如猱猿，令人捉摸不透；有处风化石竟然是一个繁体"書"字，被称作"天书壁"，还有一个被当地称作"红字岩"的石崖，由无数相互串通的石洞组合而成。已有俗名的诸如"佛脚山"，天然一只巨大石脚印，五指分明；"猿人岭"，巨岩风化，两石相对，鼻眼口耳额昭然，仿佛远古猿人在对话；"龟蛇峁"，一巨型石龟正和一条蟒蛇探头下瞰；还有"虎啸山""神雕岩"，有一山峰叫"雄鹰"，你猛看整座山头就是一只巨鹰，注目久看，便看出那巨鹰是附在人背上，人物年轻英俊，其发、额、眉、眼、鼻、口、下颚、颈，甚至衣服，栩栩如生。行至虎头山下，其斜对面半山上亦有一巨型"人头石"，头缠几圈巾布，极似阿拉伯年轻小伙；再往后走约200米，当河中横卧百米高大巨石，上有北魏时期石窟，窟中石佛有坐有立。随行村民见之，立刻下跪膜拜，但不知石窟石佛为何雕刻在当河中巨石上？我疑此巨石本应在高处，原为北魏凿刻石窟，或一日，天崩地裂，巨石塌裂下坠落在河中，那时水大，后水位降，石又显露。

胡桥沟，正不知尚有多少诱人的神秘待解！有诗为证："尔来胡桥沟，沟深皆翠柳。白云飞绝岩，碧水向东流。深山藏古寺，虎峰入云头。溪中观鱼跃，林下闻啾啾。尔来胡桥沟，忘却尘世忧！"

安锁堂：陕西省子洲县人，陕北地方文化学者。在写作和学术研究中，先后六次荣获国家级奖励。

木瓜前梁村庄记

董太成

　　前梁村位于木瓜城的东南部，西距木瓜10华里，东离县城40华里。前梁村因后沟董家沟的发展而来，董家沟有后梁，这里便成为前梁。村庄由于在梁峁上，土地多在沟、湾、川、塔，春秋两季容易霜冻。大约在清嘉庆前期，董家沟的小五门另家时，将四门董建休（小名四小子）安置于此耕作繁衍，至今有200年左右。清道光后期从仓项峁下村迁来几户姓柴的，在村里定居落户，先来的柴杨保，在本村圪堵上修了住宅定居于此（生有四子）。之后又有从仓项峁下村迁来柴万（生有三子），在村里的底渠修建了住宅定居下来，又称柴家渠。此外，清末至民国初期还住过一家王姓，名叫王金羊，住了30余年后，迁往沙塔子村定居。现居住董、柴两姓，延绵至今，和睦相处。

木瓜前梁村（部分）（董金海 摄）

在清及民国初年，前梁村归木瓜地方统辖，民国十八年（1929）改为区乡制，县辖区，区辖乡，乡辖闾，董家沟前梁属一个闾。民国二十二年（1933）全县由23个缩编为14个联保，前梁村仍归木瓜联保。民国二十九年，全县划分为8个镇，县辖镇，镇辖保，保辖甲，前梁村划归天平镇，二保十八甲。民国三十五年（1946）设保在阳坡村，保长张彦。民国三十六年（1947）保设在青阳塌村，保长赵存厚。1948年解放后，全县设立了8个区，前梁村归一区二乡，乡设在红湾村，乡长刘上万。1951年乡设在淡寨村，乡长张培亮。1952年至1956年乡设在青阳塌村，乡长张子茂。1956年7月划归孤山区木瓜乡。1958年神木府谷并县后，撤区乡并大社，划归孤山公社，木瓜管理区，前梁大队（由前梁、小沟则、红崖窑3个生产队组成）。1961年春，神木府谷分县后，府谷设立了22个公社，前梁村属于木瓜公社。1983年实行乡、镇、村制，前梁属于木瓜乡，前梁行政村一直保留。几经撤并和南庄行政村、董家沟行政村合并后，有10个自然村：前梁、小沟则、红崖窑、阳坡、南庄、云家塌、红湾、董家沟、卢沟、白家塌。

前梁村全村总面积约2平方公里，坡洼塔湾地多，有山沟泉水10处，沟渠也有水地，五谷杂粮、蔬菜瓜果可自产自足。村里树种较多，有杨、柳、榆、槐、松、柏、梨树、枣树、酸枣、荆棘、杏树、桃树等，民用木材可自足。

前梁村历来人少地多。1949年农历十月土地改革时，共有人口124人，耕地842垧（一垧为两亩），董家沟移来2户，加入了前梁村的土改。每人平均6垧地，划拨给董家沟和红崖窑50余垧。村民分到了土地和住宅，穷人翻身，生活改善，人心畅快。1955年大搞农业合作化，土地归集体所有（以亩计算），牲畜、农具评价归社，集体所得收入，除过公共提取部分以外，余下部分按劳分配给社员。1956年至1981年，这26年集体生产，产量较低，人们生活比较困苦。人的生活来源靠工分，起早睡晚，辛勤劳动，肚子吃不饱，衣服穿不好。驻队干部正月就住下，想抓一个亩产百斤生产队，结果也就七八十斤，始终上不去。1981年改革开放后，实行联产承包责任制，专抓经济建设，土地牲畜到户，自主生产经营，产量逐渐上升，直到现在，亩产达到六七百斤，彻底解决了温饱问题。如今，村民除种地以外，还外出打工增加经济收入，基本上达到了小康水平。

目前，前梁村人口增多，现有50余户，270余人。耕地面积1200余亩，林地面积140余亩。正常年头能维持400余人的普通生活。

前梁村人世代务农，真诚老实，文化教育水平不高，也没有出过大人物。历代稍有影响的人有董权、董雄来、董雄义、董怀卿、董建民、董建功。

前梁村鸟瞰图（部分）（张怀树 摄）

新中国成立以后，国家提倡扫盲识字到普及教育，我就是受益者，学文化，长知识，开眼界。识了字，写对联，打算盘，计工分，为生产队和村民办事，主持兴建前梁村小学（1958年），带领社员打黑石岩坝（1970年）。尤其在改革开放以后，前梁村对培养后代是人人争先，培养出较多人才，研究生5个，有大学本科生33个，专科生31个。

前梁村历来住宅短缺。因大户人家另成小户，几户人家住一所土院，一家只有一个窑洞，改革开放，生产经营到户，农民富了，从1983年开始自建新居，十余年时间每户新建一院，在城市里买下楼房的也不少。集体建设也有辉煌成就，建了民俗事务会房、幸福院、停车场，道路宽阔硬化，路灯照明，人畜饮水进村入户，家里的摆设也是光明耀眼。户户安装电视，多数家里有小车。

此文作于2019年11月

记忆珍藏

谷史府文

06

李涛：像当年支援红军那样支援神府煤田开发

李涛口述

神府煤田开发初期状况

壹

我于1987年5月调任陕西省神府煤田开发经营公司办公室主任。

党的十一届三中全会以后，国家工作重点转移到经济建设上来，但是面临着能源短缺的瓶颈问题。能源大省山西省资源面临枯竭，井下越来越深，越深瓦斯浓度越大，开采成本越高。山西的煤已经采过几百年了，京津唐及东南沿海的用煤基本上是山西煤、内蒙古煤。我们国家20世纪80年代初期全国煤炭产量只有七八亿吨，以山西省将近4亿吨看，占全国产量的一半。东北、山东、河南、云南、贵州、湖南、西部省区都有煤，鉴于已知的地质资料，陕北煤多，且离出海口较近。这样国家就考虑把煤炭生产基地从河东山西转移到河西陕北来。先有神府煤田，然后提出东胜煤田。国家对陕北的地质资料早就心里有数，内蒙古资料不是完整的，掌握得不太清楚。后来到1980年左右，神府煤田已启动，内蒙古也行动很快，搞煤炭普查和精查，内蒙古的煤田更大，但内蒙古的煤没有陕西的质量好，矸石多灰

李涛(后排右一)陪同中国煤炭进出口公司领导考察神木煤田时合影

分高,发热量也不如陕西,出口有问题。这就是为什么要先开发神府煤田的原因。党的十一届三中全会以后,陕西省行动比较早,反应很快,及时把陕西省煤炭工业基地重点转到陕北去。1980年,陕西省开会就把所有的煤炭地质力量集中起来调到陕北,搞神府煤田勘探大会战,组织185、186等地质队开始集中勘探。陕西省当时提出了很有远见的想法。因为煤田要开发,你没有普查,没有达到精查的程度矿就开不成。普查是大面积打孔的,精查是非常精确具体到哪一块、多大面积、多少层,每层厚度、含碳量多少、含磷多少、含硫多少、灰分多少。陕西省成立神府煤田开发经营公司以后,除调集韩城、铜川、阜新等国家矿务局的技术干部外,要求榆林配一批干部,因为这个煤田开发是地方先干起来的。神府煤田开发,一开始是省地县三级党委政府开始开发的,华能精煤公司成立以后地方才把这个公司交给华能精煤公司。前面的时间基本是地方管理,那时候大柳塔就是一片沙海,啥都没有。

　　陕西省神府煤田开发经营公司是1986年提出来的，省上搞这个公司是双重领导，即由国家煤炭部负责业务技术指导，陕西省负责矿区开发多方面的协调。当时神府煤田开发是用国家计委压油办的资金，压油办给了6个亿，神府煤田开发由陕西省主导开发时，国家压油办的资金已经开始注入了。华能精煤公司成立，地方退了出来，但是还在协助。华能集团当时一共10个公司，精煤公司是华能集团最后一个子公司。开发初期，我们一无所有，技术没有，设备没有，啥也没有。地质勘探和开发同时进行，首先确定大柳塔1200平方公里的范围，包括石圪台、哈拉沟、榆家梁、大柳塔、李家畔。神府公司是一边规划一边开采，就是这么样的一个过程。

　　大柳塔煤矿前身是地方煤矿，1980年开始建设，但是华能精煤公司咬住非要大柳塔煤矿不可。而且地方又没有资金，华能精煤公司有钱，最后两家商量一起开，由地方开变成两家开，股份制。后来地方投不进资金了，退了出来，就变成华能精煤公司独资开了。

　　神府公司第一批建设人员到了以后，开始到大柳塔矿区。当时李焕政是榆林地区专员兼神府公司总经理，贺谋德是常务副总经理，樊治国是大柳塔煤矿第一任矿长。贺谋德和我领的几个技术干部也去了。大柳塔煤矿井口位置是沙漠。大柳塔井是平硐，平硐下去一定要到煤层上才行呢，沙溜得不行，就一层障蔽一层障蔽往上搭。我上去以后才开始搭了。那时正是春上，一刮风打得一群人从脖子上到身上进去的全是沙。中午吃饭，大柳塔公社是接待总站，用脸盆盛出水来，大家拿毛巾洗洗擦擦就吃饭。

我当时任公司办公室主任，主管政务、事务、劳资、人事，配两个副主任，办公室任务很重。当时从各矿务局调来一百五六十个人。韩城矿务局第一批上来 72 个人，是戴绍诚带上来的，戴绍诚当时是韩城矿务局的副局长。上来以后，吃没吃处，住没住处，整个后勤住宿都得我负责。当时盖的是简易房子，就在现在神东电力医院那个地方，那时候还在神木城里头呢。神东电力医院那个地方背后有两级台阶，在台阶上面盖的平房，领导班子跟其他技术干部就在那儿办公。

神府公司早期的党建工作 贰

陕西省神府煤田开发经营公司在省里属于正地厅级单位，李焕政是总经理，常务副总经理贺谋德是从省上调下来的，还有刘汉武，就这几个人。后来戴绍诚上来以后，补充成副总经理，这是一正三副。

陕西省神府煤田开发经营公司从一开始开发神府煤田就把党建工作摆在第一的位置。党办和行政办公室是同时成立的，从一开始党办就是独立的办公室，党办主任有时也参加总经理办公会。李治堂是党办主任，我是行政办公室主任。李治堂是神木县的常务副书记直接调到煤田上来。李治堂资历比我深，年龄比我大。贺长江是党办副主任，赵钧、张祥两个是行政办副主任，赵钧是部队正团级干部转业回来的。

那时候神府公司总经理办公会、党委会这些会议制度都是健全的。我认为那时候党建工作比现在地方上一些企业抓得要好一些。

那时候企业上党的组织生活正常过，一般一个星期有一次党支部的活动，在星期天晚上，不占上班时间。组织学文件多，讨论多。党费按月交，每人有个党费本。所以我说神府煤田开发从一开始就对党的组织建设是非常重视的，专门有办公室，专门有书记，很重视。党办跟行政办公室这两个办公室工作基本是互相糅在一起的，你中有我，我中有你，需要党办出面党办出面，需要行政出面行政出面。党办负责组织管理、党员发展，也负责给总经理办公室传达、学习重要文件，讨论重要工作和大事时党办主任都是一样参加的。

我在神府公司的经历 叁

我是1989年春上离开神府公司的。从1987年5月至1989年5月，也就是两年多时间，时间并不长。那两年多时间神府公司主要工作就是煤田开发前期工作，规划制订、地质勘探、开发前期准备、路水电基础设施、办公设施、后勤保障系统，实际上是启动阶段。我的主要任务就是政务、事务。那个时候接待很多，又是美国的、英国的，又是法国的，有法国兴业银行、日本三菱公司，还有美国的宇宙油轮公司等很多很多。

从1986年开始,神府公司工作任务就很重很重,100多号人都是技术干部。神府公司生活条件很差,吃饭条件就更差了。陕北过去这个地方没有鲜菜,就吃腌酸白菜、洋芋(土豆)这些。接待客人就是打罐头瓶子,葡萄罐头、黄桃罐头、梨罐头、橘子罐头、苹果罐头打上六七种,甚至一种罐头打两三盘子,神木当地自己酿的酒,麟州酒,好酒很少。不论什么样的客人来了,都是在灶上吃饭。那时候神木街上也没有什么宾馆酒店可以住,没住处。

但是省上给市上、县上特批给神府公司供应粮,白面是每天都能吃上的。那时候神木县城人吃的都是玉米面,白面的比例很少。但神府公司因为外地人来,大家说地方要全力支援,第一线上全部给细粮,玉米面比例很少。

地方上对神府公司是全力以赴支持。当时榆林地委、行署要求神府两个县要像当年支援红军那样支援神府煤田开发,你看提得有多高。当年陕北支援红军,老百姓支援红军都是提上脑袋、冒着生命危险去支援的。当然煤田开发没有这么险恶,但是老百姓的心情,地方急于改变贫困面貌的急迫心情,从提出的口号可以听出来的。

我对神府公司那时候开始搞矿区规划记得很清楚。骨干矿井我记得开始有4座。地方上开的煤矿有郭家湾煤矿、哈拉沟煤矿、前石畔煤矿、瓷窑湾煤矿。这都是当时精煤公司给全额贷款，一个煤矿投资了2000万元、1000万元不等。

整个神府煤田开发的前期工作都很艰苦。地方为主导时期，精煤公司给技术指导和资金支持。但是省、地、县三级政府花的也是一笔很大的钱。陕西省和榆林地委、行署，神木、府谷两个县把好多民生项目砍掉来修路、办电、搞通信工程、搞基础设施，支持神府煤田开发。神木县、府谷县当时连基本的接待条件都没有，招待所是很小很小的两层小楼房，一共连50张床也没有。在1983—1984年间，张斌常务副省长上来，说这不行，要赶快解决这个问题。所以省上给了神木县、府谷县各40万元，修了神木宾馆和府谷宾馆，小宾馆就是这么修起来的，就是为了配合接待工作。神木的接待主要是大柳塔镇。吃饭条件很差，就是羊肉、烧酒，全是酸白菜、洋芋，东北人吃了还可以，山东人来了也可以，习惯了吃白面、鲜菜的关中人上来就根本受不了，还有别的地方特别是南方人来了也是根本受不了。当时南方人也来了一大批。

那段时期条件太艰苦。我负责解决技术干部家属的住房问题、工作问题、户口问题、孩子上学问题，这都是我的任务。我先跑榆林，到地区公安处解决户口问题，终于在两年多后我离开神府公司之前，分期分批把户口全给解决了，娃娃们也都上学了。职工医院前面先修了一栋家属楼，后修的电力职工医院。那栋楼就是当时我们的办公楼。神木现在东西坐向的电力医院，就是当时的神府公司办公楼。前面是家属楼，我走的时候这些都修起来了。

当时地委、行署和神木、府谷县把神府煤田开发工作作为地方的中心工作，地委、行署研究的主要提案、议题大都是围绕神府煤田开发事项的。我们写了个大事记，写的时候把榆林市、县两级的档案全部翻遍了，1万多册的档案资料，挨个查过以后发现那时候几乎每天的会议都有研究神府煤田开发的。

1989年，榆林地区行署要筹建地方上的煤炭公司，就是榆林地区煤炭公司，叫我回来当煤炭公司经理。我干了一年多，把公司搞了起来，基础工作做好后，到腊月底、1990年元月份的时候，又调我到府谷县当县长去了。

神府煤田开发过程中的几个关键性人物 肆

神府煤田开发中，榆林籍的许多老同志做了大量工作，给予热情积极支持。他们分别是郭洪涛、王兆相、柳随年、谢红胜、李正亭、李智盛、李子奇、贺晋年、霍世仁等。

第一个是李智盛，他当时是中央财经领导小组办公室主任。中央财经领导小组管全国经济政策的调研、制定，大的经济项目的决策、重大政策决策。中央财经领导小组就是政治局常委和国务院副总理们组成的，其他成员是各个部委的正头，是级别很高的权威机构。李智盛先开始是办公室副主任，以后是办公室主任。李智盛是个老干部，16岁就参加红军，家里头很穷的。延安时候他主要是给中央领导抄写文件，以后当机要秘书。他1981年春节回家探亲，看见村子里那么穷，很伤心，住了十几天。乡亲们说，解放多少年了，现在还穷成这个样子，显然有抱怨。其中有一件事情把他触动了，老乡说，我们这么穷，可神木有这么多煤不能开啊，我们卖出去煤不就是钱？就把李智盛触动了。正月初一过大年他就坐不住了，很纠结，他说解放多少年了，我们在北京坐下，我们在中枢机关待下，却不知道几十年来，老百姓穷成这样子。于是上神木县向政府办公室要了一辆吉普车，一个小伙跟上，到活鸡兔煤矿去看。他在财经领导小组办公室工作，他知道国家现在需要煤电，煤电最短缺。那这个事情该怎么弄？李智盛

李涛（右三）在基层调研

脑子里开始构想怎么提出开采煤炭这个问题。回京以后，李智盛两次上书给中央领导，建议及早开发神府煤田，引起了国家领导人的高度关注，逐渐加深了认识，并最终决定以国家的重点项目和重大决策开发神府煤田。就煤田开发，三四年里李智盛回神木十多次。李智盛这个人很简朴，轻车简从，回来也不开车，不坐飞机，就坐火车从包头往返，下来以后给神木打个招呼，吉普车给他接回神木来，搞调研、考察。李智盛水平很高，写字跟毛体差不多，很爱动脑筋，很爱思考问题，对经济工作的熟悉程度远远高于其他老同志。神木、榆林、陕西的干部说，没有李智盛，这个煤田开发不知要到什么时候。李智盛最后说服了中央领导，将神府煤田与准格尔煤田开发同时考虑，列入中期规划。后来财经领导小组研究煤田开发铁路、公路、港口选择这些规划，他都是一直参与的，提了好多意见。我印象最深的是1983年，国家计委主任宋平来考察项目的可行性。我那时候是神木县政府办公室主任，晚上就在机关住着。李智盛深夜两点半左右给我打来电话，我问李主任有啥事。李智盛说："李涛，夜太深了，我不好给人家书记、县长打招呼，给你说，你明天一早，把我电话内容给县领导汇报。国家计委主任宋平很快要到神府煤田考察，到神木来，你们要做好地方接待准备。宋平这次来正式定这个项目能上不能上，是关键性的一次。宋平是老革命，一定要汇报好、接待好。"我记了六七条，他又说："你很快给县上的领导汇报。"我说好的。接完电话我当即就电话汇报给县长和书记。这是很大的事情，所以第二天就开始筹备接待工作。宋平是很务实的，他亲自看了煤田，走访了矿长、工人，看了以后很满意，他在现场就说要开这个煤，这么好的煤，我们缺这东西。煤田开发期间，李智盛担任中央财经领导小组办公室主任兼国家能源办副主任。

第二个是李焕政,关中长安人,当时是榆林行署专员兼神府公司总经理。李焕政党性强,能力也很强。他在陕北神木、榆林一共工作了20多年,对陕北有感情。他跟霍世仁书记两个一起上北京、跑西安。那会儿的地委书记霍世仁是绥德人,怀着对家乡的一片深厚感情,在神府煤田开发中,发挥了主导作用。他与李焕政两个人配合得非常紧密,确保了开发中决策的准确性和有效性,霍世仁对李焕政全力支持。为争取先开发神府煤田向中央领导汇报时,李焕政提了四条理由,我记得第一条是神木的煤好,质量好,叫三低一高,就是灰分低、含硫低、含磷低,发热量高。二氧化硫那是最污染的东西,灰分在10%以下,为4%、5%、6%,含硫量在0.3%、0.4%,含磷量是在0.02%~0.04%。第二就是神木的煤能创汇,能出口,内蒙古的煤煤质差。第三是神府煤离出海口近、费用低,修出海铁路投资省。美国宇宙油轮公司副总裁带人来考察,霍世仁书记亲自带队,到神木去搞接待,我当办公室主任准备的后勤。霍世仁书记和李焕政专员亲自到北京去给煤炭部汇报,那时候能源部还没成立起来,煤炭部给国务院领导、有关部委汇报需要写汇报材料,地委书记、行署专员就在北京宾馆黑夜加班写材料。那时候领导确实很能吃苦的。

第三个是刘壮民，他是行署副专员，又是神府煤田开发协调领导小组组长。刘壮民从1980年前后一直参加了神府煤田开发前期的陪同、接待、汇报工作，李焕政或者地委书记布置工作以后，具体工作是由刘壮民同志到矿区组织实施的。我在神木当政府办主任、到县委副书记，安排接待、汇报这些事情，都是刘壮民提前一两天上来，到现场来安排怎么汇报，准备好汇报材料以后才开会。宋平去矿区那次，刘壮民亲自来神木安排。李焕政调走以后，刘壮民接替了专员兼神府公司总经理。刘壮民亲自跑大柳塔、跑神木开现场会，开协调会，是跑得最多的，工作十分辛苦。许多关于神府煤田的会都是他在神木宾馆主持组织召开的。

第四个就是陕西省的常务副省长张斌，张斌是江苏人，当时是陕西省的常务副省长，是我们陕西省对经济工作最熟悉的一个领导干部。神府煤田开发建设从1980年开始，省上的具体工作都是张斌副省长主持的，去榆林、神木现场开会，代表省上表态、讲话的，都是张斌。张斌副省长很聪明，对经济工作很熟悉，是对神府煤田出力最多的人。记得一次北京来人要到矿区考察，我和张斌副省长陪着，店塔、杨城那边是石灰岩、砂岩的简易土路，下雨以后吉普车过不去，好在每个车上都带铁锹，张斌副省长亲自下车，把裤腿挽起来，拿着铁锹带头把陷进泥里的车轮挖出来。张斌最让我感动的就是卷起裤腿挖车轮子的形象，至今我依然有清晰的记忆。张斌身上没有任何架子，他是南方人，习惯吃大米，但那时候当地习惯吃面，张斌副省长就凑合着吃，生活很简朴。那时候晚上开会开到一两点才睡觉，第二天一早起来就走了。

第五个就是刘汉武、刘曰谦这些同志。榆林的煤炭外运是从3万吨出口煤开始的，就是从刘汉武先跑的。他当地区工业局局长，以后任经委主任，后来就调到大柳塔神府公司任副总经理。开发初期这段时间也是最艰苦的一段时间。那时候书记、县长来神木开会，神木宾馆随便吃点，饭菜都不讲究，忙得要命。车开的是吉普车，哪有什么好车！

此文来源：神东煤炭集团，李涛作修改

李涛，1947年生，陕西省神木市人。曾任府谷县人民政府县长、县委书记。

我的父辈都是抗日战士

王长安

王家全家福，1976年拍摄于西安 王长安（后排左三）

今年是抗日战争胜利七十周年，这些天常常想起小时候奶奶经常对我们弟兄说的话："我的三个儿子都是扛枪打日本的！"不由得百感交集！所以写下这篇文字，作为对父辈的纪念。

我们的老家在陕西最北端的府谷县，祖上从山西来到陕西。清朝末年，我爷爷王兴在府谷老城西关一家中药铺当"掌柜"。我奶奶16岁嫁到王家，生了6个儿女，4个儿子属"富"字辈，分别以"仁、义、礼、智"命名。

奶奶38岁，爷爷就得病去世了。年轻轻的寡妇拉扯几个孩子，家中又没什么积蓄，只能靠磨豆腐、生豆芽卖几个钱勉强度日，含辛茹苦，可想而知。

在父亲的几个弟兄里，大爹王富仁在1936年被榆林的国民党二十二军抓了壮丁，抗战期间驻守在黄河西岸，抵御日军侵犯陕西。

我父亲王富义排行老二，出生于农历丁巳年（1917）十一月二十，小名"二旦"。爷爷死的时候，我父亲才8岁。父亲时常对我们说："我小时候吃过的苦，受过的艰难，你们做梦也想不来！从9岁到17岁，我在煤窑里背过炭，在梁记铁匠炉当学徒拉大风箱、打铁，给苏家当过长工，看菜园子、放牛；跟上舅舅学扳船，在黄河里当过艄公；干的时间最长的是担水、卖水，从小南门下到黄河岸去担水，再爬一百多道石塄把水担上来，送到城里大户人家；17岁上进县衙门当了勤杂工，还是担水、扫院、看大门。"

1937年7月7日，"卢沟桥事变"爆发，日军大举进攻华北，7月15日，国民政府发布全国总动员令。这年7月，20岁的父亲被府谷县保安队征了壮丁，8月初被送往榆林，编入"榆林专区壮丁大队"。"八一三淞沪会战"爆发后，壮丁大队的新兵经西安乘火车送往上海前线，父亲被补入张治中将军率领的国民军八十七师特务连三排当兵。蒋介石命张治中的八十七师自苏州等地推进至上海外围，在吴淞口、宝山、杨树浦一带与日军激战。11月初，中国守军后方受到日军威胁，被迫全线撤退。至11月12日上海沦陷，淞沪会战结束。中国军民浴血苦战，粉碎了日本"三个月灭亡中国"的狂妄计划，并争取了时间，从上海等地迁出大批工厂机器及战略物资，为坚持长期抗战起了重大作用。

淞沪会战后期，父亲所在的八十七师被编入孙元良任军长的七十二军，师长王敬久带领这支德械装备的部队退却到南京，参加了南京保卫战。由于国民党当局在战役组织指挥上出现了重大失误，战前未作周密部署，最后决定突围时又未拟订周密的撤退计划，致使守军在突围中争相夺路，损失惨重，国军的抵抗就此瓦解。12月13日，南京沦陷，不足5万人的日军入城，由此开始了连续6个星期对30多万战俘平民震惊世界的南京大屠杀。

多年之后，每当父亲回忆起这段惨痛的经历时，总是悲愤不已。他说："我们这批从榆林到上海抗战的新兵，打日本很勇敢，不怕死！作战两个多月，榆林来的弟兄阵亡了100多个。上海没守住，退到南京更惨！大官员们都逃跑了，他们逃过长江，把轮船、木船、连打渔的小舟都烧了，把20多万军队和几十万同胞百姓撂在长江南岸，呼天抢地，惨不忍睹！南京失守后，我和70多个散兵在下关转了半个多月，无法过江。有两个河南兵不会水，望着波浪滚滚的长江直哭鼻子。我就对他俩说，你们不要哭，我自小在黄河岸长大，水性好，你们去找块木板，咱们游过长江去！可是找来找去，一块木板也找不到，早被人们抢光了，他俩急得直跺脚。我说，不要怕，咱们到铁路上找一根枕木。我们三人从被炸断的铁路上卸下一根枕木，抬到江边，我对他俩说，你们只管抱紧枕木，我来蹬水。就这样，我们三个游过了长江，死里逃生！"

1937年12月，父亲和他的战友游过长江，一路向北到了徐州，找到原来的部队七十二军八十七师，随即投入了"徐州会战"。中国军队广大官兵英勇奋战，首先在南线将日军阻止在淮河南岸，打破其与北线日军会合的企图；继而在北线将东路日军击败于临沂地区，又将西路日军之右翼阻止在嘉祥地区，粉碎了日军在台儿庄会师的计划。三四月间，李宗仁将军指挥的第五战区采取积极防御战法，攻防结合，灵活机动，围歼日军1万余人，史称"台儿庄大捷"。随后，最高军事当局不顾敌强我弱的总体形势，调集大军在徐州附近，企图与日军决战，但是在会战后期陷于被动。尽管如此，这次会战消耗了日军有生力量，迟滞了日军进攻速度，为国军部署武汉保卫战赢得了时间。

徐州失守后，父亲随部队撤退到开封，在汉口车站等火车时，被国军第八十军的拉兵站抓了"散兵"，编入新兵队。八十军一路向西到西安后，驻扎在北郊杨善乡杨卷村休整，然后又往甘肃兰州开拔，父亲被编入特务连当二等兵。1939年12月调八十军补充团三营十一连任下士班长，驻扎甘肃平凉。1941年4月调至八十军工兵营三连任上士班长，随八十军开赴河南、山西，参加了"中条山战役"。

中条山位于山西南部黄河北岸，是一条东北西南走向的山脉，长300余里，它是黄河的一道天然防线。要阻挡日寇西侵陕西，必须守住中条山。西安事变后，杨虎城的十七路军被缩编为三十八军。杨将军被迫出国前，将自己苦心经营多年的西北军交给了结拜兄弟孙蔚如，并一再告诫：一定要牢记"兵谏"之初衷，一切以抗日大局为重。"卢沟桥事变"后，孙蔚如向蒋介石请战，并向国民政府和陕西民众盟誓："余将以血肉之躯报效国家，舍身家性命以拒日寇，誓与日寇血战到底！但闻黄河水长啸，不求马革裹尸还。"蒋介石将孙蔚如为军长的三十八军扩编为三十一军团。1938年7月，这支由3万多名"陕西冷娃"组成的队伍夜渡黄河，开进了黄河北岸的中条山，坚持抗战近三年，先后粉碎了日军的11次大扫荡，"陕西冷娃"以血肉之躯使日军始终未能越过黄河，进入西北。而我军也有2.1万人牺牲在中条山下、黄河岸边。

　　1940年10月，孙蔚如接到蒋介石的调防命令，率第四集团军离开中条山，到中原战场参战，晋南百姓含泪送行。孙部离开中条山后，晋南三角地带先后涌来17万国军。1941年5月7日，中条山外围日军在航空兵的支持下，由东、北、西三个方向开始全面进攻。这一阶段的中条山战役（日方称之为"中原会战"），前后历时一个多月，国民军17万大军防守的中条山在20天内全线失守，7万官兵罹难；但是由于西北军三年浴血苦战，牢牢地钳制住了日军的进攻势头，陕西和整个大西北才得以确保。

　　我父亲在中条山战役中腿部负伤，1941年9月被送到洛阳八十军驻洛办事处养伤，以后又调入八十军驻陕办事处，任准尉附员，安排在西安北郊红庙坡看守军需仓库。1944年4月，八十军被整编为第一军，后来又整编为九十一军，父亲一直在红庙坡仓库任准尉库员。从1937年8月到1941年9月，父亲出生入死，经历五年戎马生涯，到红庙坡看守仓库之后，才算稳定下来。于是，父亲就写了一封信，叫我奶奶带着我妈和我堂兄到西安来。

我三爹王富礼6岁夭折，四爹生下来取名"补四子"，官名叫王富智。父亲当兵以后，13岁的四爹受当时府谷城里头"平民夜校"老师（中共地下党员）的影响和鼓动，背着我奶奶到神木盘塘参加了李来宾的抗日游击队，以后，这支队伍渡河到了山西河曲，被贺龙领导的八路军一二○师收编，1939年随贺龙部驻守延安。四爹到延安后，给大爹王富仁写了一封信，说延安办了"抗大"，欢迎"知识分子"到延安来上"抗大"！谁知这封信落到了二十二军一个连长的手里，他说这是王富仁"私通共党八路"的证据，不容分说，把我大爹捆绑到神木高家堡，活活地打死了！

我的大爹、父亲和四爹当兵之后，奶奶带着大妈、两个堂哥和当童养媳的我母亲，靠磨豆腐、生豆芽维持生活。大爹死后的第二年，大妈为生活所迫，只好带着尚在襁褓中的堂哥改嫁，"走西口"逃活命去了。1940年6月，日本鬼子的飞机连续三天对府谷进行狂轰滥炸，我家祖上在王家圪台的老房子被炸成了"燎炭坡"（废墟），奶奶只好借住邻居一间屋子，三辈三口人相依为命，苦熬岁月。

1941年冬天，奶奶总算盼到了我父亲的来信，老人家喜出望外，从被日本鬼子炸塌的废墟里把房梁椽檩拆卸下来，连同几件旧家具统统卖了，加上我父亲托人捎回来的100来块大洋，凑了不到200块钱作盘缠。1942年春夏之交，奶奶雇了一头毛驴，领上我妈和我堂哥，踏上了千里寻亲路。

我奶奶是小脚，旱路骑毛驴，我妈、我堂哥跟上脚户走，晓行夜宿，一天走几十里，从府谷经神木到了榆林，接着起身经过米脂、绥德、清涧一路奔往延安，身上的盘缠也所剩无几，只好把脚户打发回去了。抗日战争时期，虽说是"国共合作抗日"，但是两家都在路上设了许多关卡。我奶奶很聪明，走到国民党管辖的"白地"上，遇到盘查就说"去西安寻我二儿呀"；走到共产党管辖的"红地"上，遇到盘查就说"到延安寻我四儿呀"，因此一路上没有遇到大的麻烦。

国共合作时期，我父亲尚能和四爹通信，知道他已驻防延安，在陕甘宁边区保安司令部政治部任传达班班长，就在给奶奶的信上留下这个番号，让奶奶到延安找我四爹。我奶奶到了延安后，见了八路军就按这个番号打听，终于在延安小砭沟找到了边区保安司令部政治部。有个八路军战士把我奶奶她们安顿在招待所窑洞，就朝外边喊："王富智，你妈寻你来了！"喊了几遍没人应，半天才见一个当兵的推开窑门进来，朝坐在炕上的我奶奶瞅了一会儿，"扑通"一声就跪下了，流着眼泪说："我当是他们哄我呢！真是妈呀！"我奶奶叫了一声"补四子！"半天说不出话来。四爹听奶奶说了来由，就说："既然来了，就不要走了！边区大生产，我们种的山药蛋收了两窑洞，有你们吃的！"我奶奶说："咋能不走，我还要到西安送你嫂子跟你二哥完婚，如今没盘缠了，先住几天再打算。"奶奶在延安住了十来天，吃喝不愁，四爹就带上她们到处走走看看。

　　记得我上小学的时候，有一天，我从同学那里借来一本《人民画报》翻着看，奶奶在旁边做针线，忽然指着一张毛主席在延安和群众一起看秧歌的照片说："我见过毛主席！那年我在延安，你四爹领上我们到桥儿沟看秧歌，就是这场面。你四爹还给我指，那是毛主席，那是朱总司令！"我对奶奶一下子佩服得不得了！我问奶奶："我四爹如今在哪里？"奶奶停下手里的针线，抬起头，像是对我说，又像是自言自语："解放几年了，他要是还活着，早就来找我了。没音讯，怕是不在人世了。"我再也没说什么。事后，爸爸对我说："以后在奶奶面前再不要提你四爹！解放后，我打听了几年，民政部门也去过。抗战后期，你四爹编入边区独八团，在定边县驻守，给延安送炭、送盐，1945年我们还有通信。内战爆发后，国民党马鸿逵的骑兵进攻边区，包围了独八团，八路军损失惨重，你四爹恐怕就在这次战役中牺牲了，连姓名也没留下！"

　　延安虽好，终不是久留之地。尽管四爹一再挽留，奶奶还是铁了心要去西安。临行前，四爹给奶奶手里塞了4块大洋，说："妈，我知道留不住你们，这几块钱你路上花，到了西安给我来个信！"谁知，这竟是奶奶和四爹的永别！

　　离开延安，奶奶三辈三口人又踏上了往西安寻儿的路。雇不起长脚户，只能雇短脚，走一站换一头毛驴，雇不上生灵就靠两条腿走，一个"猴脚脚"老婆婆带着两个半大孩子，跋山涉水，走走歇歇，沿路乞讨，那个艰难真是一言难尽！

作者父亲王富义，拍摄于1977年 时年60岁

一路走了十来天，经过甘泉、富县、黄陵、宜君，到了"北铜官"（铜川）。在一个小站，遇到一位古道热肠的贩煤商人，听我奶奶诉说遭遇，很是同情，便在饭馆买了十几个馍馍，又要了一个陶罐，满满装了一罐水，把祖孙三人带到火车站，安顿到一节车厢的煤堆上，临走时再三叮嘱："不到西安卸煤时，千万不要下车！"这列运煤车走走停停，三天两夜之后，才到了西安火车站。见有人来卸煤，奶奶他们才敢爬下火车，浑身上下黑抹五道，已经看不出眉眼了。

　　出了西闸口，奶奶逢人就打听八十军办事处，天麻麻亮时，终于摸索到办事处大门口。站岗的哨兵扫瞭了一眼破衣烂衫、满脸黑灰的祖孙三人，没好气地说："要饭也不看时辰！知道这是什么地方！"奶奶毫无惧色，说："我来寻儿！"哨兵问："你儿是谁？"奶奶朗声答道："八十军仓库的王富义！"哨兵立马换了脸色，说："早就听说王库员的妈妈要来，你老人家就是啊？"赶紧叫人开门，打水洗脸。换了三盆黑水，三个人才洗出眉眼。办事处的副官派人把我爸叫来，父亲见到奶奶，叫了一声"妈！"就泪流满面，哽咽着说不出话来。我奶奶倒是刚强，笑着说："我把你媳妇领下来了！"我妈腾地红了脸，背过身去，低头抹泪。亲人相见，悲喜交集，在场的官兵无不动容。吃过午饭，父亲雇了两辆洋车，把祖孙三人接到了红庙坡仓库。

　　红庙坡在西安北关外龙首原西段，距北门也就三四里路，有100多户人家。村东头有一座道观，明朝时建的，叫昊天官庙，庙门高大，红墙灰瓦，飞檐斗拱，老远就能看到，老百姓叫它红庙。抗战时期，这里被八十军征用，做了军需仓库。父亲在中条山负伤后，从八十军洛阳办事处调到西安办事处，安排在这里当库员，带着几个护兵看守仓库。父母的家，就安顿在庙院的"三清殿"旧址。父母成婚后，在红庙坡生了我们弟兄三个。我奶奶善良厚道、乐善好施，自从在红庙坡落户，就常常用仓库里的粮食和旧军衣接济村上贫困的邻里乡亲，所以我们家在红庙坡人缘很好。

1945年，日本鬼子投降了！陕北人家乡观念重，父亲和奶奶商量，打算回府谷老家。于是，父亲申请退伍，离开了国民党军队，搬出红庙，在村里租了一间房，筹划着回府谷。谁知第二年（1946年），国共内战就爆发了，胡宗南进攻陕北，西安到府谷的交通中断了。回不了家乡，一家人总要生活，父亲就买了一头毛驴，借了房东家一盘石磨，开了一间磨坊，做起了粜粮卖面的营生，维持一家生计。

1949年5月20日，古城西安解放了。父亲自认为"没做亏心事，不怕鬼叫门"，就待在家里，静观其变。一天，有两个自称"村公所"的人把我父亲叫去，盘问了一天。父亲就把自己怎么被拉壮丁，怎么参加抗战，怎么落脚红庙坡，叙说一遍。有个背盒子枪的军人听了说："我们已经调查过了，你也是受苦人出身，虽然在国民党军队干过，但是为人忠厚，豪爽义气，没有和共产党打过仗。"就把奶奶妈妈叫来，让她们在村上找"保人"。奶奶听了说："这不难！"半晌工夫，村上来了一大帮人，都说"王库员是好人！"村民们纷纷愿意为我父亲作保，父亲安然被放回了家。

1949年秋天，我们一家六口人从红庙坡搬到了王家巷甲字32号。为了维持一家人的生计，父亲挑起一副箩筐，干起了"收破烂"的营生。每天走街串巷，收购旧家具、旧衣服、老古董，第二天天不亮担到小东门里的"鬼市"上出售，赚几个米面钱。因为我堂兄王志刚参加了解放军，我们家成了"光荣军属"。1951年，政府看我家生活困难，救济了一辆架子车，父亲就拉起架子车沿街揽生意，给人家搞运输、卖苦力，全家人在贫困中挣扎度日。直到1952年4月，我父亲遇到了一位"贵人"——府谷老乡柴汉生，才时来运转。柴汉生青年时和我四爹一起参加了八路军，他念过书，有文化，当上了干部，新中国成立后在西安担任西北土产公司经理。他对我们家知根知底，看我家生活困难，就对我父亲说："富义，你也是贫苦人出身，我给你介绍个工作，参加革命吧！"又给父亲讲了一番"共产党为人民服务，解放军为人民站岗放哨"的道理，我爸自然是喜出望外。就这样，经柴汉生介绍，父亲在西北土产公司当了警卫，从此参加了革命工作。新中国成立初期，国营公司的警卫都属于解放军公安部队管辖，那天，父亲穿着一身解放军军装回到家里，我们哥几个又惊又喜，跑到院子里逢人便说："我爸当解放军了，还戴着'公安'臂章哩！"那个神气劲儿，让小伙伴们羡慕不已。我奶奶倒是不怎么高兴，皱着眉头对我爸说："当了八年兵，还没当够？怎么又去扛枪格揽子？"我爸说："过去当兵是为了打日本，现在当兵是给人民当警卫，都是给公家看仓库，还给关饷。"奶奶听说公家给发薪水，这才转忧为喜。此后，父亲先后调过几个单位，1956年3月到西安市木材公司，一直干警卫工作，隶属经济警察部队。1956年8月，各个公司的经济警察编制撤销，父亲被安排到市木材公司储运科当了检尺员。

因为我父亲在国民党军队里当过兵，历次政治运动都免不了接受审查，虽说没挨过整，却也是"内控"对象。"文革"期间，学校里兴起"红卫兵""横扫一切牛鬼蛇神"，出身好的"红五类"戴着红袖章，趾高气扬、威风八面，四处抄家，揪斗"黑五类"。我们弟兄几个因为家庭出身不是"红五类"，都没资格参加"红卫兵"，而且经常提心吊胆，害怕父亲哪一天被当作"国民党残渣余孽"给揪了出来。父亲也看出我们的担心，有一天晚上把我们哥几个叫到一块，把他从小怎么受苦，怎么被拉了壮丁，当兵后打日本的种种遭遇，怎么到的西安，奶奶如何带着妈妈堂哥走了两千里路找到他，一家人怎么落脚红庙坡，以及大爹、四爹是怎么死的详细叙说了一遍。爸爸说："我当兵八年打的是日本鬼子，抗战胜利后我就退伍了，没有和共产党打过仗，在军队里最大也就是个准尉库员，相当于排长，不够'公安六条'里说的连长以上，运动搞到今天，也没有人给你爸贴过一张大字报。你们不要怕，该干啥干啥，就是不能给家里惹祸！"当时我弟弟还天真地问："爸爸当年为啥不和我四爹一样，去参加八路军？"爸爸苦笑着说："那个时候能由得了我？这条命能捡回来就算是万幸了！"

父母亲一生养育了我们弟兄姊妹8个。1978年，父亲刚刚退休，却不幸因阑尾炎手术事故去世。他老人家的一生，辛劳艰苦，出生入死，备受磨难，称得上为国家、为民族、为后辈奉献了一辈子！

父辈们在民族危亡之际，挺身而出，不怕牺牲，抵御外辱，报效祖国的精神，将永远激励着我们后人。

此文作于2015年8月15日，图片由作者提供

王长安，1944年出生于西安，祖籍陕西省府谷县老城西街，《西安日报》社原社长。

女性服饰的时代记忆

秦 晔

古往今来，服饰作为一种文化符号，随着社会的发展而不断地演变进化，特别是女性的衣着打扮，更能显示出服饰文化的精彩神韵和时代特征。

纵观人们的服饰装束，可以看出，不同时代，不同地方，都有着不同的表象。它不仅能反映出一个地方的文明程度，而且也能说明当地的经济状况。

以我们府谷而言，当地居民，尤其是妇女的服饰，足以窥视出当时当地经济、文化的发展情况。

府谷地处陕西北端，历史上边远偏僻、交通不便、信息闭塞，外面世界的先进东西很难流传到这里来。

新中国成立后，当地的落后面貌虽然大有改观，但是，人们的衣饰打扮依然保留着许多地方特色。

解放初期，成年妇女的衣饰标准是：水蓝布袄儿黑裤子，春复尼花儿鞋白袜子。那种以家纺粗布印染的水蓝布和黑老布，就是当时做衣服的主要面料。

到了20世纪50年代中期，机制彩色布料进入市场，但是，由于计划经济时期物资紧缺，轻工产品几乎都要持证购买，所以，布料自然是不会自由销售。

当时每人每年发布票5～6尺，如此标准，只够成年人做一件衣服。应对这种情况，人们的衣着就谈不上讲时兴，上身的衣裳只能是"新三年，旧三年，补补连连又三年"穷将就。有人说"大年初一的女人最好看"，因为她们穿上了新衣服。除逢年过节以外，不论大人娃娃，衣服上至少有两肘、两膝、后腚五块补丁。好在年轻妇女所穿的喜爱花布衫上打补丁不显穷，那种多为黑蓝颜色的衣服不绣自花，别具一格。为什么好长时间衣服以黑蓝为主色调呢？因为老习俗是三十不红，四十不绿，也就是说，社会上有60%以上的人不穿花红。

据说在60年代初，上海一对金融系统的年轻夫妇来府谷支边，女干部穿了一件连衣裙，只惹得满大街的行人无不驻足。

到了"文革"期间，人们的服装以绿、灰色为主，因为，当时军装和工装是人们最崇尚的服装。在当时，谁家女子能穿上一身公家发的绿军装或灰色劳动布工装，那是全家人的光荣。

"文革"期间，军装和工装是女性们最时
髦的服装（马子亮　摄）

　　改革开放初期，市场逐渐繁荣，人们的衣着也逐步有了改变。
不过，那时的时尚为"一窝蜂"，一人穿甚都穿甚。年轻女性的服
装谣是"公鸡尾巴方格格，高吊裤子花袜袜"，那时，若逢节遇
会，满目都是方格子面料的大摆上衣、窄腿高吊裤子、黑丝绒鞋配
条花袜子的时尚女人。

　　随着国家工业生产的迅速发展，轻工业产品不再统购统销，布
票相应退出它当红了30余年的历史舞台。布料、服装的自由买卖，使
服饰世界迅速缤纷绚烂起来。

　　常言道：看女人，知世界。在一个地方，只要看到大多数妇女
衣着风貌时尚整洁，举之言谈有礼有节，就可以知晓当地的人文程度
和经济条件。且说清朝光绪年间，有翰林学士王培棻到定、靖、安三

改革开放初期，年轻女性的服装中花格子面料的大摆上衣甚为流行
图片由蔺俊（后排中）提供

边视察，写下《七笔勾》为奏章。其中表述妇女的一勾是"可笑女流，鬓发蓬松灰满头，腥膻乎乎口，面皮赛铁锈。黑漆钢叉手，驴蹄宽而厚，云雨巫山哪辨秋波流。因此上把粉黛佳人一笔勾"。再看穿着："没面皮袄，四季常穿不肯丢……破烂亦将就。"在文人笔下轻松的一勾，却道白了此地人的贫穷生活和地方的荒凉落后。

如今的三边，借油气田的开发，成为全国驰名的富裕地方。时任省纪委书记的李焕政先生在改革开放后视察三边，写下了新的《七笔勾》。其中对妇女的评价是："今日靓女，打扮入时人俊秀，顶起半边天，致富显身手"，其文将三边女人们洒脱、秀美、精干的风采和当地的社会发展状况自然地统一起来。

和三边相似，我们府谷地方近年来依托资源的优势和工业方面的发展，县域经济得到快速发展，社会各项事业随之提升，人民群众的生活水平得到明显的改善。表现在衣着打扮上，犹如挡不住的满园春色，花红柳绿竞显风采。当然，敏感时尚气息的女性同胞们，当仁不让地引领着服饰潮流。

1998年5月府谷女干部合影　图片由杨艾霞（前排左一）提供

如果说时装展示一年四季各有千秋的话，最理想的还数夏天的情趣。在伏天的晨曦中或夕阳下，府谷城的居民们总喜欢在河滨公园内散步、兜风。游园中，最引人注目的是跳广场舞的姐妹们，一队上百人的舞群里，穿红的、戴绿的，这边长裙飘逸，那厢短衫紧俏，仔细端详，却很少有重样、重色的。因为讲究衣着者，不仅要求面料上档次，式样赶时髦，最主要的是凸显个性特点。如果有友邻购置了同色调、同式样的衣服，二人偶遇时，会不约而同地惊叹："撞衫了！"从此，这件所撞之衫便有"失宠"之忧。

对服饰在行者来说，名牌品质的精贵取决于其款式的奇特，或定制或绝版，独一无二。那些批量生产的服装，只能是学生装、运动衣、工作服。可大千世界不尽其然，有一种服装却出例外。在夏秋时节，于人民广场和河滨公园的绿色跑道上，经常会看到许多走秀的靓女，身着旗袍，手摇团扇或巧撑花伞在表演节目。纵观那彩绣满襟的旗袍队伍，只是色调不尽相同，可式样基本一致，撞衫之嫌在此难免。旗袍原为满族妇女的服装，于清朝时期引进中原。由于它可以充分体现妇女的曲线美，所以在各地迅速地流行开来，如今已成为中华民族特有的品牌服饰而自成一派。

如果说夏季里的衣服可以霓裳羽衣，百花齐放，冬天的厚重衣服怎么能潇洒起来呢？其实不然，冬季里的羽绒服多选五光十色的鲜亮面料，各种丝绒、毛呢大衣配上长筒皮靴和锦绣帽子，别有一番气派。还有那花貂、狐裘衣物，更显雍容华贵，可谓气势夺人。

虽然目前乡人还不是都讲究穿戴而锦衣绣饰，但是，时下无论在城市还是乡村，所见的男女老少，皆衣着整洁，神情泰然，这就是生活在全国百强县、全国文明县城居民的精神风貌。

此文作于2018年6月

我的家乡

丁彦彪

家乡的土窑洞（旧居）

我出生在府谷县南部的一个小村尧峁村，全村百十口人。从记事起，缺衣少食，饱受饥寒，实感不易。直至现在，我也能常常想起那时的穷，那时的难。

1974年，虚岁10岁的我开始和村里的孩子们一样步行上学，每天往返10里路，山高沟深，路况极差。那时，干部给农村总结了三句话：交通靠走，通信靠吼，治安靠狗。出门行走全靠两条腿，没有代步工具。通信状况也很差，仅有的广播时好时坏，传递信息全靠跑腿，开会或者有什么集体活动要么逐户通知，要么山顶吆喝。那时村里少有人来，但大多数户子养了狗，看门照户。村里一旦来了陌生人，刚开始一个狗子叫唤，慢慢地全村狗子都叫唤，人们就知道村里有了动静，治安总是不错。

农村人一年四季忙不停。春夏季节，往地里背粪、掏苲子，种、锄、耧、耙；秋季要收割、打晾；冬季到了搂柴、拾粪，给牲口备草。期盼消闲几天，又要参加村里的修渠打坝、平整土地。就这样日出而作，日落而息，日复一日，年复一年。

村里人出工按劳计酬，年底村里会把卖点冬花、黄芪等药材积攒的钱分给村民，一般成人一个工按5分至1角计发，一年下来也就15元至30元不等。购买布匹是需要有供应票据的，人人都穿打补丁衣服。打补丁衣服也是大孩子穿罢小孩子穿，再旧也不会扔掉的，无法缝补的积攒下来打个衬子，纳个鞋底，弄个鞋面，做双布鞋穿。农村那口吃是最让人揪心的，饿肚子的事是经常发生的。农村人油水少、苦又重、饭量大，一顿等不得一顿。吃白面是非常奢侈的，只有过年才能吃上一顿。大米这个词在书本上学过，但小时候没见过。有一件事情我给孩子们讲过多次，永远无法忘记。我二祖父任过府谷县政府的副县长，退休后回到老家居住。居住的院落很大，村中的孩子们常来院子里玩"打阎王"等游戏。我二祖母经常给二祖父做面片吃。有那么两次吃剩了，二祖母便端着半碗面片用筷子夹着分给我们吃，每人一个或两个面片，那才叫个香，当时我含在嘴里久久不舍得下咽。

那时的村里人依着山势选择好的土质掏土窑洞居住，有的户子接个石头口，挂个石头面，大部分户子不加修饰就是个土面。农村人睡土炕，人口多睡不下的，睡觉时有的头朝上，有的头朝下，穷人有时真能想出好法子。睡觉铺褥子是以后才有的，农村养羊，有羊毛，铺的都是毡匠擀的羊毛毡，皮肤发痒时睡在毡上扭扭身子就解决了问题，很是方便奏效。被子不分四季，一床盖到底。

农村人皮肤很粗糙，基本不用润肤品，天冷时脚上手上常有皲裂，干活时疼痛难忍。

村民吃水是要到山沟里挑的。做饭一般是用树枝、秸秆或山坡砍来的沙蒿生火的。炭是奇缺的，需要到20里外的地方购买并用牲畜驮回。因为价贵，只有过节或有红白事务时才使用。那时没见过金子，感觉炭就是黑金。炭燃烧的灰烬中偶有的一些焦炭，要用箩筐筛出来用于压火取暖。

那时隔三岔五有行乞的人到村里挨家挨户乞求一口饭吃或要点米面以度日。记得有些户子太穷难以糊口，看到行乞者便躲藏了起来。行乞者为了讨口吃，总要说唱一番，有的还编唱得不错，前后押韵，中间不打圪登。

有件事我记忆特别深刻，现在想起来心里感觉也是酸酸的。听母亲讲，在她很小的时候，我的外祖母便改嫁到了内蒙古，那时路途远，没办法见面，她思念不过，给外祖母写好了一封信准备邮寄过去，但因没有8分钱的邮费，信一直没能寄出，直至外祖母去世也没联系上，更没有见过面。我参加工作后，带着爱人陪我的父母去了一趟外祖母生前居住过的一个叫高头窑子的偏远小村，并借着清明时节上了坟，烧了纸，母亲坐在外祖母的坟头旁哭了一场。

村里的人们到县城是很不容易的。小时候记忆中的几位长者，年逾七旬至死没有进过县城，在家乡土地上劳作生活几十年，除了听听广播，不知外面的世界是什么样子。

农村男人多数大男子主义，同样与妻子地里干活回来，做饭、洗衣、喂猪、缝补这些活儿都是女人的。女人经常点个煤油灯熬到半夜做针线活。农村看小孩也是不雇人的，一家生3个、5个，大的照看小的，就这样跌跌撞撞往大拉扯。

村里有看小病的赤脚医生，但农村人有病一般是不去找医生的，确实扛不过去才去看看。去痛片、解热止痛片是农村的常用药、万能药。有的年纪轻轻便病坏，问个究竟只能说是胃疼坏了、头疼坏了。

村里人识字的不多，有的出纳借出东西时是用符号表示的。过年写对联，会写的人很少，大部分村民是请人代写，有时请人代写需要排队等候，等不急的干脆在红纸上印个图案就贴上了。

如今村里通了电，告别了煤油灯；通了路，实施了路面水泥硬化。村民们把邻村的一些村民也吆喝来，集中连片建起新农村，家家户户住上新房子。村里还修建了活动中心和红白事务服务中心，硬化了街道，点亮了路灯，绿化了生活环境。

村民们也不再饿肚子，白面大米不再稀罕，成了家常便饭。吃肉食也讲究起来，吃多了反倒担心血脂高、血压高。回城居住的年轻人在闲暇时间还开着车，带着家人或约着朋友回村看看老人，挖个野菜或搞个野炊。过去甩裆大棉裤、翻毛羊皮袄也看不到了，对襟衣换成了中山装，中山装又换成了西装、休闲服，有的还打起了领带。女孩子们打扮得更是花枝招展，穿裙子、戴项链。

家乡天高地阔、山大沟深

　　村里还吃上了自来水。电视、冰箱、洗衣机也户户俱全。村民们就医也不再难了，都加入了新型农村合作医疗，报销比例还挺高的。村民的出行也比过去强多了，有宽阔的道路，有小轿车，有机动农用车辆，出行、农耕也十分方便。研究生、大学生有十多人。60岁以上的村民每月可领取政府发放的养老金175元，年逾70岁的老人还可享受年600元以上的高龄津贴。村里唯一的五保户也不愁吃，不愁穿，政府定时发放衣服、被褥，并每年给予5500元的供养费，有病住院治疗时还全额报销。去年村里又建起老年幸福院，老人们上灶吃饭，还可住宿，在一起拉拉话，打打牌，宽宽心，颐养天年。

　　村民的收入也不断提高，不但没有了过去的"三提五统"、农业税、农林特产税，还享受着政府的粮食直补、退耕还林、家电下乡及农机具补贴等。村民们除种地养殖外，还积极开展劳务输出以增加收入，日子过得红红火火。

　　天地之差别，翻天之变化、也就30几年的事情。尧峁小村的发展也正是万千中国农村改革变化的缩影，每每想起，实感不易，所以越发珍惜当今，越发总是感念，感念党的政策，感念改革开放。

此文作于2016年10月，图片由作者提供

念想"府中大门"

高小定

府谷中学旧貌，大门上书写"又红又专"字样（马子亮摄于20世纪70年代）

　　府谷中学是我的母校，1971年我在那里初中毕业，然后就插队闯荡社会去了。那时候"府中"全校总共有2个年级，6个班，师生也就500多人。当时不叫班级，按"预备役"军队编制叫"连排"。高我们一年级的是"一连"，我们班叫"二连一排"（初中一年级一班）。我在府中念了两年书，当时我们学的课程有语文和数学，数学课本叫《工农业基础知识》，还有政治、俄语和地理等。现在回想起来，语文课记得住的是几首"毛主席诗词"。数学有印象的是如何换算生产队粮堆的体积。政治课中心思想是"反对'封资修'"；备战备荒为人民；"将无产阶级文化大革命进行到底"等。俄语学的全部课程则只有10句喊话，比如："举起手来！""缴枪不杀！""我们优待俘虏！"等口令。那两年的中学教育是我一生中最难忘的时期！

府谷中学校园北高南低，以地势由南至北分五阶而上，雅称"五斋"（也有说是四斋）。当时，从"府中大门"下面"一斋"算起，呈阶梯而上中间是教室和宿舍到最高处"五斋"前面为大礼堂和学生（教师）食堂。留在我记忆里最深的府中印象，一是"图书楼"。府中图书楼位于府中校园的中部，是一栋砖木结构三层小楼，一楼是老师们办公的地方，二楼、三楼是藏书或者是保存陈列实验器材标本等（两年来我没有上去过，因此一直觉得是个很神秘的所在）。图书楼二楼朝南的墙外中间，挂着一幅巨大的毛主席画像，是同学照相或每年毕业生合影必选的背景。二是"府中大门"，府中大门是20世纪50年代后期修建的很有特色的校园标志建筑，据说是1958年建校初期府中师生们亲手参与劳动建起来的，中间一个圆洞大门，上面是一个红五角星和"府谷中学"四个大字，左右筑有四面标有"校训"的墙壁。"校训"写的是"团结、紧张、严肃、活泼"。

1971年7月10日　府谷中学七一级二（二）班学生毕业合影

　　府中大门，是每个学生上学期间必经的地方。岁月逝去，回首往事的时候，那个砖头砌起来的府中大门，留在学生心中可能是"年少癫狂""踌躇满志""勤奋励志"等人生回顾的时光。因此，"府中大门"是每一个府中学生永远抹不去的一段记忆！多少年来，大到校庆，小到班级联谊、同学聚会，都会有学生到"府中大门"前合影留念，留下对母校的感恩、敬重与眷恋。21世纪初，虽经过修缮的"图书楼"仍不经岁月，被拆除改建。而"府中大门"作为府中标志性历史建筑，府中校园虽历经多次改扩建，但历届领导决策中谁也"舍不得"把它拆掉，特意保留了下来。

府谷中学，1956年成立，至今有60多年的历史，60多年来，府中培养出来数以十万计的学生：有仕途成功当了官的；有成了百万千万甚至亿万富翁的；也有著书立说当教授专家大有建树的，当然更多的是寻常一生平平淡淡过来的。不过，我相信大凡是先前在府中念过书的人，无论是"仕途成功""腰缠万贯""事业建树"，还是"平凡度日"的府中学生，回顾自己上学的时候，大概都会对"府中大门"或多或少有一种属于自己的"念想"吧。

2000年左右，由于煤炭、房地产等市场异常火爆，府谷县经济一下子呈现出一个所谓"跨越式"的发展时期。县城境内的"一河一川一山"（黄河、小河川、新府山），几年间鳞次栉比的幢幢高楼拔地而起。2008年左右，府谷中学也与时俱进把学校3万多平方米的大操场作为一个开发项目，给了一个开发商"开发"。开发的结果是，原操场成了三层，最底层建了停车场，二层建了超市，顶上作为学校的大操场。显然，这似乎是个"一举多得"的举措："一得"盘活了土地资源；"二得"学校有了经济收益；"三得"是改善了学生体育场地！然而，在这次"与时俱进"举措中，不知道为什么却把无辜的"府中大门"也拆掉了！说它无辜，一是它与"大操场"改建项目没有关系；二是它毫不妨碍校园师生的任何活动；三是它不仅不影响校园的容貌，反而是府谷中学的一道"历史景观"，更是数以十万计的府中学子的一个"念想"！

好多年前，我有幸去了仰慕许久的北京大学，见了未名湖的"翻尾石鱼"和校园里一根粗一根细的"华表"。据说这些"石头"，是北大师生早年特意从被"八国联军"烧毁的圆明园搬来的，我想，其中的含义应该是北大学子要保留传承中国文化历史的记忆吧。

我女儿高中是神木中学毕业的，记得送女儿到神木中学念书的时候，当时神木中学新建的校园已经很气派了。不过，校园中间保留着一所类似庙宇的小四合院，女儿的老师告诉我，那是神木中学最早的校园，保留它是保留"神中"的历史。多少年以后，我再次到神木中学，依然看到校园中心保留着原貌！现在，神木成为是陕北第一个申报国务院并获得批准的"县级市"，我猜想，作为陕北第一家申报国务院"县升市"的神木，不仅仅是经济发展迅速的原因，也会有文化建设成就的考量吧！

府谷县在县城的新区建起了府谷中学的新校区，其校园规模和教学条件均非常超前，虽然一直没有机会亲自去看看，但心里为母校拥有新校区而喜悦。

府谷中学大门旧貌（马子亮摄于20世纪70年代）

最近，我又特意去了一次40多年前上过学的"府谷中学"，现在已改为府谷县"第一中学"了，人们称为"旧府中"。诚然，"旧府中"校园模样与我们上学时候大变样了，除了原来学校的地势与整体轮廓，几乎很难找到"原府中"的痕迹！

其余图片由作者提供

宛若故里

07

1953年 刘壮（右一）和爱人李改英在榆林合影

父亲的革命情怀

刘振霞

世间里，唯与苍穹比阔的是精神。

父亲离开我们、离开他为之奋斗一生的陕北这片热土已经18年了，他留给我们的是一笔不朽的精神财富和无尽的思念，他的音容笑貌在塞北高原、黄河之滨从未消失，更没走远……

少年读书 壹

在山西省吕梁市兴县，有个颇有名气的地方叫"南沟门前"。1924年7月4日，我的父亲刘壮出生在这里。

祖父刘应芳，勤劳又有些手艺，在县城的东关街开了间铁匠铺，以打造铁器维持全家生计。祖父母一生共养育了两个孩子，叔父刘健也是一名早期投身革命的南下干部。

听祖父说，父亲读书非常用功。设在县城里的学校虽说离家不远，但中间隔了一条蔚汾河。父亲每天天不亮就跟着祖父一道出门，蹚河到对岸上学。下午放学后，父亲会赶到铁匠铺给祖父打个下手，做些零活儿。到了晚上，父亲就着煤油灯常常温习功课到深夜。平日里，祖母节省的每一滴煤油都用在父亲温习功课上。

春光不负勤耕人。努力好学的父亲练就了一手好字，这在父亲与我的信笺中，可见一斑，父亲的每封信都字迹隽秀整洁，没有一处潦草或涂抹的印记。父亲文章作得也不错，还算得一笔好账，深得先生喜欢。

投身革命

1937年7月7日，震惊中外的"卢沟桥事变"拉开了日本帝国主义全面侵华战争的序幕。在国难当头的时刻，1939年2月，年仅15岁的父亲加入了中国共产党领导下的进步团体——抗日牺牲同盟会，以通讯员的身份投身到抗日宣传和情报传递工作中。

而军阀割据，国民党晋系首领阎锡山不仅不抵抗日军侵略，反而将枪口转向抗日同胞，悍然下令镇压各地的抗日牺牲同盟会，于1939年12月，制造了骇人听闻的"晋西事变"，将反共活动推向了高潮，父亲死里逃生，躲过一劫。

1940年，贺龙领导的八路军一二〇师进驻山西兴县，兴县成为晋绥边区的军事、政治心脏。父亲便投身八路军在商贸局搞贸易工作，为抗日前线输送战斗物资。

受国民党的封锁，物资供应异常困难。父亲和他的战友们每天奔走于各个贸易货栈，设法购买粮食、食盐、药品、纱布等紧缺限购物资。大家肩挑背扛，辗转在红区与白区交界地，危险非同一般。

就这样，在波澜壮阔艰苦卓绝的对敌斗争中，父亲得到了锤炼。1944年，20岁的父亲光荣地加入了中国共产党。

担任要职　　　叁

1945年，抗日战争取得胜利后，内战烽火再次燃起，国民党军队对陕甘宁边区共产党军队进行全面"围剿"。

经过两年的浴血奋战，1947年，英勇的中国人民解放军由战略防御转为战略进攻。按照中共中央"陕北大反攻"的部署，这年的7月中旬，父亲随中共中央晋绥分局一二〇师奉命出征陕西，解放大西北。

部队从山西兴县罗峪口西渡黄河，到达神木县贺家川村。7月29日，打响解放神木县城的战斗。7月30日，神木宣告解放，主力部队继续向南挺进，攻打榆林。

榆林，明朝九边重镇之首，自古乃兵家必争之地。作为军事要塞，防御体系非常完整，其城垣坚厚，攻克异常艰难。此时的父亲随军驻扎在榆林镇川堡，做接管榆林政府的各种准备工作，等待榆林的解放。

1949年，全国各地解放的捷报频频传来，负隅顽抗的国民党军队大势已去。6月1日，驻守榆林城的国民党第二十二军向解放军投诚，宣布起义。至此，国民党在榆林的统治宣告结束。

主要以晋绥分局人员组成的工作团，组建榆林地区行政公署，父亲被任命为行署事务科科长，不久被提升为行署财政局局长（正处）。

1979年3月欢送雷步洲、孔令春二位同志调职合影
前排左起：苏建功　刘　壮　高乐昌　雷步洲　罗启业　孔令春
后排左起：王占雄　杨志先　马廷臣　韩仲利　冯名山

　　解放初期的榆林，新政府亟待医治战争的创伤，恢复国民经济。像新中国一样年轻的父亲，意气风发，充满革命的豪情，带领部属坚持贯彻执行"发展经济，保障供给"的财经方针，夜以继日工作，使榆林财政工作很快走上健康运行的轨道，有力地推进了新榆林的建设。

1955年，为支援"三边"（定边、安边、靖边）建设，组织上派父亲到定边县工作，就任县长职务，这一年父亲31岁。

历史上，"三边"即有安、定、靖疆域之意，属边城要塞，位于榆林地区的最西端，处在毛乌素沙漠地带中。"一年一场风，从春刮到冬"，是当地人对四季气候特点的描述，那风沙肆虐起来，蔽日遮天，能把房屋掩埋。受恶劣环境的影响，粮食产量极低，百姓食不果腹，做梦都想走出饥饿的困境。

父亲到职后深入基层调查研究，带领各级干部制订发展规划，攻坚克难，迅速开创定边县的建设局面。

农业方面，推行以治沙为主，农、林、牧并举的生产模式。父亲带领工作组，蹲点乡村社队，通过宣传动员，很快调动起社员骨干突击治沙的积极性。当时，治沙最具先进典型的是堆子梁镇小摊子村。该村村长是个穷苦出身的青年，叫李守林，他对县委防沙治沙的指示领悟性高，又具有较强的组织能力，很快与社员们摸索出防风固沙的"法子"。他们采取沙压碱、土压沙，用秸秆和杂草绕成田字或井字形状的"网框林"办法，使水土流失得到有效控制，大大提高了庄稼和树木的成活率，该做法很快受到了县委县政府的肯定和支持，并在全县社队中示范推广。

经过两年的努力，全县的防沙治沙显现出很大成效，土壤达到改善，粮食产量成倍增长，有的社队不仅摘掉了吃返销粮的帽子，而且还向国家卖起了余粮。

工业方面，父亲带领大家进行工业升级，改造"作坊式"个体手工业，建造全民集体所有制工厂和公私合营企业。到了1958年，共办国营企业5家，有盐化厂、榨油厂、面粉加工厂、农具厂、铁厂，大大改善了百姓的生活。

1959年至1962年，新中国遭遇了"三年自然灾害"，饥荒严重危害着人民群众的健康和生命。同处在饥饿中的父亲一样勒紧裤腰带，与全县人民同舟共济，共渡难关。

一方面，父亲要求各级干部下到每个村镇，带领社员开展自救。另一方面，父亲向榆林地委紧急求救粮食支援。在地委和省委共同努力下，在党中央的统一指挥下，全国有不少省调集救灾粮支援陕北老区。有了这些救命的粮食，在很大程度上缓解了定边县的灾情。

为了有计划并且不漏一人吃到救灾粮，在县政府号召下，定边县和全国一样，也掀起了吃"大锅饭"的热潮。

　　母亲为了支持父亲工作，把刚刚生下40天的我交给大姐管理，自己挑起了大食堂和食品加工厂厂长的担子。

　　当时，大姐在定中读书，学校就在家门口。据大姐讲，她利用课间时间飞速跑回家，燃柴、拉风箱、烧开羊奶、灌入奶瓶，置于水缸降温，然后塞给嗷嗷待哺的我，十多分钟能搞定一切。

　　我的母亲李改英比父亲小两岁，于1926年农历九月二十二日出生在山西兴县一个较为富裕的家庭，17岁时嫁到父亲家。在她的一生中，不乏孝敬公婆、相夫教子以及为社会贡献力量的大爱之举。

　　曾经，在山西抗日救亡中，母亲就是一名积极的妇救会员。后来，母亲到了榆林，又担任了近十年的居委会主任。

　　所以，在遭遇"三年自然灾害"的危难时刻，母亲挺身而出，拿出当年在兴县纺织厂纺线织布、做军衣军鞋，支援子弟兵抗击日寇的干劲，组织机关家属办起了大食堂。母亲号召各户把锅碗瓢盆、桌椅板凳拿到大食堂来，还带领大家制作酱油、醋，自磨豆腐解决副食品的短缺。大食堂被母亲操持得井井有条，还厉行勤俭节约，解决了所有家属小孩的吃饭问题。为此，父亲受到省委的表彰，作为定边县节约粮食先进代表到省上参加了表彰大会。

1961年刘壮（前排正中）与榆林支援定边运粮队合影

　　在"三年自然灾害"中，父亲还带头将家中定量的粮票、布票都捐了出去，支援国家更穷困的人民。

　　父亲在定边六年的艰苦工作中，心系定边县人民，为改变定边的贫穷面貌做出了重要贡献。1961年6月，父亲接受组织的再次调动，告别和他有深厚感情的定边县人民，回到榆林，担任专署物资局局长职务，负责筹建地区物资局。

风雨考验 　肆

在革命生涯中，不管是战争年代的生死关口，还是在建设新中国的各种运动中，父亲的革命信念与立场始终不变。

1966年"文革"伊始，专署物资局紧跟形势，在榆林中山礼堂成立革命委员会，父亲作为革命的领导干部被选举为革委会主任。

1967年，学校停课，工厂停工，物资局的工作也处于瘫痪状态。干部、职工们有的外出串联，有的留下加入了各种"战斗队"，而此刻的父亲坚守在物资局，冒着生命危险保护公共物资。

随着形势的进一步升级，父亲被划为"反革命"，接踵而至的是长达一年多的隔离管制、审讯、批斗并扣发工资。

那时，我已经七八岁了，有些记忆在我的一生中都挥之不去。记得有一阵子没有父亲的音信了，母亲为此惴惴不安。有一天，我们围着母亲准备吃早饭，家里突然闯进来物资局的两个造反派对母亲说道："刘壮昨晚自杀了，我们来抄他留下的东西！"犹如晴天霹雳，我们兄妹几个都惊惧不已，惊恐的目光齐刷刷地投向母亲。那一刻，母亲却表现得异常冷静，她坚定地对来人说："我不相信刘壮会自杀！"

多年后，母亲回忆这段往事还是说："我不相信你们的爸爸会自杀。"母亲坚信父亲不会丢下我们不管的。

我一直在思索，母亲的自信从何而来？父亲在身心倍受煎熬的情况下，是什么力量支撑他没有弃我们而去？

细细品味父亲的革命生涯，我渐渐地找到了答案，这个答案就是从他在党旗下举拳宣誓的那天起就存在了的革命信仰。

今天，这种信仰力量直击我的心灵。

小时候我问父亲："爸爸，您那么小就在敌人的眼皮底下给共产党做事，不怕被抓吗？抓了是要枪毙的！"父亲说："不怕，从参加革命起，命就不是自己的了，任务比命重要！"寥寥话语，便在我幼小的心里激荡起慷慨悲壮的感动，让我明白父亲早已把生命和党的命运维系在了一起。

是啊，我们党在内忧外患中诞生，在磨难挫折中成长，近百年的非凡历程，从没有停止过考验。有多少共产党人为了求索真理，栉风沐雨，砥砺前行，在一次又一次的斗争中淬火成钢，从而赢得革命的胜利，人民的幸福。眼下，父亲虽处困境，但他不怀疑党实事求是的作风，深信党拨乱反正的这一天终将会到来，他愿意与党一起经受考验，永不言败，永不放弃！

　　1970年1月，中央下达文件，为陕西省"杨、刘反革命集团"案平反，该冤案终于得以纠正，父亲恢复了工作。

1981年12月府谷县第九届人大常委会、人民政府全体领导成员合影，刘壮（前排右一）

矢志不渝 伍

1970年，国家水电部遵照毛泽东"要把黄河的事情办好"的指示，批文在位于山西省保德县和陕西省府谷县两岸的黄河中上游天桥峡谷建设水电站。

横拦黄河筑坝，兴建大型水电站，所动用的人力、物力在当地前所未有。文件要求，晋陕两省联合组成"黄河天桥水电站"工程总指挥部。

父亲受命于榆林地委组织部安排，作为陕西的首批筹建干部代表，被调往工程建设总指挥部工作，担任后勤组组长职务。

刚刚平反的父亲，毫不犹豫，当即走马上任，奔向新的战场。

水电站建设期间，工作条件、生活环境极其艰苦，那时的父亲已年过半百，在"文革"中留下的身体伤害使他患上了高血压等疾病。但父亲全然不顾身体状况，以电站为家，没有星期天，没有节假日，不分昼夜地奋战在紧张激烈的指挥一线。

浩大的工程，各类物资的管理调拨都要从父亲负责的工作中过，为了做到分秒不耽误工程，父亲事无巨细，事必躬亲，有力地保障了工程进度。

父亲从电站建设筹备开始，到1978年胜利竣工、投产发电后最后撤离，一干就是七年。

1978年5月，父亲再次服从榆林地委组织部安排，赴府谷县担任县政府副县长职务，分管财政、工业和商业等工作。

府谷，陕西省北陲边城，地处晋陕黄河东北岸，这里的地貌以沟壑为主，耕地瘠薄，农民靠种植难以解决温饱。

1978年12月18日，党的十一届三中全会在北京召开，会议作出了把党的工作重点转移到经济建设上来和实行改革开放的重大决策。

在改革开放的春风吹拂下，府谷县拉开了脱贫致富的序幕。为了让本地得天独厚的煤炭、矿产资源造福人民，父亲分管的财政和工业系统，改变工作思路，运用政策指导，建立以民企强县为战略目标，加大了鼓励和扶持农村发展多种经营、创办民营企业的力度。

1978年刘壮在西安省委党校学习

首先，在1979年11月，父亲批准县财政局分别与全县23个公社的社队企业签订了投资用款合同书，将上级下拨的支援款项、贴息及时送到相关社队，推动了社队中小企业、厂矿投产的进程，有效地调动了农民办企业的积极性。

其次，在1980年，针对个别社队企业因物资、财务管理不正规、无账目而致生产亏损的乱象，父亲指示县财政局安排业务骨干，下乡进行培训指导。严格要求各社队企业必须健全物资管理制度，建立和完善财务开支审批制度。

通过一系列举措，为推动全县经济健康发展奠定了坚实的基础。

那时候，府谷这样的贫困县其财政是薄弱的，用于民生建设的支出往往是杯水车薪。为了改善全县民生状态，父亲想百姓所想，急百姓所急，一大把年纪经常亲自奔波于地区、省上，申请建设款项。

为了履行和实施县级人民代表大会权益，1981年12月，父亲当选为县人大常务委员会第一副主任，负责筹建、主持人大工作。 通过两年多的不断完善，1984年县人大常委会的内设机构由最初的一个办公室，建设为6个科室：办公室、农业科、财贸科、公交科、文卫科法制科。

夕阳余晖

1983年3月时任府谷县人大常委会副主任的刘壮
在九届人大二次会议上作人大常委会工作报告

　　1984年2月，60岁的父亲卸下重任，从人大调回县政府担任顾问。任顾问期间，父亲主要是督导府谷县的体育、文化事业，县晋剧团的成立和县体育场的建造都倾注了父亲的心血。

　　1988年，父亲离休。但父亲离休不离本色，一如既往地关心着府谷县的建设发展。

　　散步时，他仍然会去黄河大桥下、堤坝上查看了解府谷县黄河大堤重建工程。府谷对于父亲来说已经是他的第二个故乡，这块让他工作、生活了22个春秋的热土深深地填满了父亲的心田。

　　2002年农历三月二十九日，78岁的父亲突发心脏病去世。父亲走得仓促，我们明白，父亲割舍不下的除了妻儿，还有那深深眷恋的黄河情、陕北爱！

　　父亲从15岁参加工作到离休，在近50年的革命生涯中，调任过不少地方，尤其在某些岗位既是"开拓者"，又是"垦荒人"。他服从大局，不计较职务高低，哪里艰苦就在哪里工作。他廉洁奉公，清白一生，工作过的岗位大多和钱物打交道，但从未贪占国家的一分一毫。他久经考验，无论是顺境还是逆境，都与党和国家的命运同呼吸共患难，追随党的事业初心不改。

　　"刘壮同志是一位胸怀坦白、光明磊落、性情直爽、开朗豁达的好干部，是一位工作中不居功、不自傲，能上能下的好党员！"这是和父亲一起工作过的干部们对他的一致评价。

　　今天，我们穿越历史云烟，缅怀父亲的革命情怀，向他致以最为崇高的敬意！

作者刘振霞和父亲刘壮

2020年4月作于西安，图片均由作者提供

马廷臣在府谷二三事

马赵军

　　马廷臣，1936年10月出生。1953年毕业于榆林师范学校，1953年参加工作，先后曾在府谷县哈镇小学、县工会、纪检委、大昌汗公社、县政府、县人大常委会工作，历任公社书记、县革委会副主任、政府副县长、人大常委会副主任、党组副书记、县政府调研员等职务。

　　马廷臣是佳县人，从中师毕业一直在府谷工作长达45年，对府谷县有特别深厚的感情，为府谷困难时期教育、农业、林业、水利、畜牧等社会各项事业的发展做出了特别重大的贡献。为了采集马廷臣在府谷工作、生活的印迹，笔者曾多次采访过和他在一起工作的诸位老同志，包括大昌汗镇的边有锁、王志清、过去给他开过车的司机杨斌等人，以及马廷臣子女对父亲的回顾，采撷其革命生涯二三事，以缅怀这位新中国成立初期为府谷做出突出贡献的革命先辈。

马廷臣（前排左二）

支援建设

壹

　　20世纪五六十年代，国家号召知识分子支持边远落后地区经济社会发展，当时，榆林地区也积极响应这个号召，让榆林南部先进县区人才支持相对比较落后的北部县区，马廷臣正是响应这个号召来到府谷。1953年，马廷臣从榆林师范学校毕业，背着简单的行囊，步行数十日来到府谷哈镇学校任教。一年后，按照组织安排，先后调到县总工会、县纪检委工作，其后，神木府谷并县，受组织委派，赴神木县委办工作一直到1962年。1962年至1963年，县委派驻他到府谷农场工作。1965年至1967年，马廷臣到西安红卫兵接待站工作。1967年，马廷臣从西安红卫兵接待站回来，到大昌汗公社当了社长（公社书记是李如意）。

造林固沙

　　大昌汗位于府谷西北边陲，当时，自然条件和经济条件十分落后，街镇破败，公社在一处破庙内办公，只有几间简陋平房，四周被黄漫漫的沙丘包围，一年四季风沙满天。马廷臣到大昌汗的第一年，就带领干部大搞防风固沙工作，在元壕村搭帐篷，作为治沙工作阵地，吃住都在这里。从1967年到1972年，整整五年时间，他带领干部群众，夜以继日，开展植树造林、防风固沙工作。马廷臣当年和干部群众顶着风沙、冒着严寒酷暑，以敢教日月换新天的豪迈气概，一点点、一寸寸逼退肆虐的沙丘。如今大昌汗元壕村一带，郁郁葱葱的林木和草皮都是当年艰苦奋斗的成果，成为我县西北部防风固沙工程的重要组成部分，也为后来者开展风沙治理工程打下了坚实的基础。

　　马廷臣在大昌汗植树造林的五年里，他唯一的家当——一件白茬子羊皮皮袄，至今传诵于坊间。在元壕村一带治沙期间，马廷臣和老百姓同吃同住同劳动。每到冬天，他总是穿上一件白茬子皮袄出现在沙丘间，这件白茬子皮袄，在寒冷的大昌汗，给他的身体带来了温暖；老百姓看到穿白茬子皮袄的干部，也倍感亲切。在20世纪六七十年代的大昌汗，贫穷的景象令人难以想象，随便走到一户人家，母女穿一条裤子的情景时常可以看到，母亲外出，女儿就得在家裹着破被、破衣服待着，因为家里再没有另一条可遮羞的裤子穿。当年，马廷臣调离大昌汗时，没有将这件陪伴他多年、给予他温暖的白茬子皮袄带走，而是送给了当地一位缺衣少穿、挨饿受冻的光棍汉。这件白茬子皮袄留给了大昌汗，也把马廷臣对大昌汗人民无限热爱留给了大昌汗人民，留在了大昌汗的山山峁峁。

兴修水利

　　当年的大昌汗风沙大，恶劣的自然条件使水土流失严重，此外，大昌汗地域土质特殊，多为沙质土壤或红黏土砂砾石土壤，这些土壤含水、透水性差，不利于农业生产，这也是造成当年大昌汗农业歉收，老百姓吃不饱、穿不暖的重要自然因素。在元壕村周边植树治沙取得初步成效后，马廷臣带领干部群众拦沟打坝，大搞农田水利建设。

马廷臣（右三）与大昌汗镇部分人大代表合影

1972年夏季农忙刚结束，马廷臣带领群众在哈业五素村和后五当沟村拦沟打坝。当年的淤地坝建设，条件十分艰苦，唯一的机械是一台引水冲沙用的柴油机。大昌汗非但找不到一位会使用柴油机的人，更是缺少懂农田水利建设的技术人员。因此，马廷臣吃住在工地，既担任工程指挥，又担任技术人员。哪里座坝址，哪里建退水，他都亲自踏勘、选址、放线；柴油机坏了，他要打着灯笼连夜修好。在1972年至1973年两处淤地坝建设的一年多时间里，他几乎吃住在工地，最长的一次一住就是56天。大昌汗整个公社，找不到一个懂水性的人，马廷臣是当时唯一水性好的人，当抽水的水龙头被水下柴草杂物堵塞后，他亲自下水潜入水中把杂物剥离，保证引水拉沙的柴油机正常运行。每次下水前，他必须要喝口白酒，一为御寒，二为壮胆。打坝的休息间隙，他唯一解乏工具是一只用玉米芯子做成的烟斗，抽两锅旱烟，然后卷起裤腿和群众继续干。

到1973年秋季，大昌汗历史上最早的两座淤地坝哈业五素坝、后五当沟坝终于建成了。两处大坝保持了水土，涵养了水源，改善了周边生态环境，为缺地少粮的村子打好了农业基础。至今，哈业五素坝、后五当沟坝仍然是当地主要的口粮田，仍然发挥着重要的水利作用。

遭遇迫害

马廷臣带领大昌汗人民植树造林、大搞农田水利建设的期间，赶上"文化大革命"。

1968年秋天，马廷臣回府谷县城参加会议，路过老高川时，遭到当地造反派的无端羁押和毒打，之后逃往大昌汗境内的郝家塔，被郝家塔村牛三仁家保护起来。这次磨难给马廷臣的身体造成了终身伤害，导致了他内耳发炎，迷路神经破坏，以致后来走起路来东倒西歪。

马廷臣虽遭这次磨难，身心受到严重摧残，但他没有放弃全心全意为人民群众的革命信念，带领大昌汗老百姓植树造林、修渠打坝，利用下乡的一次次机会，进村庄、入农户，为老百姓化解邻里纠纷，为老百姓排忧解难。从1967年至1975年，马廷臣在大昌汗整整工作了8个年头，在工作、生活中，他经历了种种困难，但他始终没有半句怨言流露，将自己的青春和汗水默默地奉献给了这方土地。

马廷臣

克己奉公 伍

　　马廷臣的一生，是无私奉献的一生，是廉洁奉公的一生。1975年，他从大昌汗调回府谷县城，担任了府谷县革命委员会副主任。在工作中，他严以律己，廉洁奉公。当时，干部的工资是评出来的，有一次评工资时，按相关的指标，他自己是最符合条件的一个，但是，他却把这个指标让给了后勤岗位上的灶务人员。马廷臣回到县城后，担任过县级领导，多年分管人事、财政、农业等方面工作，但他的妻子一直是县蔬菜公司的临时工。据他妻子的同事说，马廷臣的妻子完全有条件转成集体合同工，但他多次以"媳妇超过年龄了，不符合条件"为由，把指标让给了其他临时工。有一次，马廷臣的妻子试探着对马廷臣说，和自己条件一样的几个同事都转为了集体合同工，她也应该能转。马廷臣严肃地对妻子说："别人是别人，我是我。"硬是拒绝了给妻子转为集体合同工的事。后来，马廷臣调入人大常委会工作，担任人大常委会副主任，有一年，单位统一建家属房，马廷臣妻子心想，自己的子女一天天大了，没有一处固定居住的地方，很想参与这次建房，但全家积蓄仅有2000多元。后来，马廷臣只好东拼西借凑了1万多元，勉强修了两间房子。这1万多元，直至马廷臣退休后，才陆续给亲朋好友还清。据马廷臣的大儿子马治伟回忆，在他成家前，家里只有四口箱子，其中一对是用五合板钉制的，这就是他们家全部家当。在大昌汗工作期间，有一次，马廷臣的佳县同乡建议他去榆林地区条件较好的单位工作，但马廷臣对大昌汗有感情，热爱自己的工作，婉言拒绝没有去。

马廷臣将自己的一生奉献给了府谷，奉献给了大昌汗人民。2008年，72岁的马廷臣安详辞世，遵照他生前遗愿，子女们将他安葬在大昌汗西梁村达纪壕村，大昌汗这片绿树成荫之地将他永远留在

马廷臣在会议中讲话

了那里。至今，每逢清明冬至等过年过节，时见大昌汗百姓前来扫墓吊祭，长眠于斯的马廷臣老前辈已不知来者何人，但来此之人都记着这位革命一生、无私奉献的先辈。

张景慕工作照

回忆我的父亲

张志丽

　　父亲离开我们已经一年多了，这一年多的时间在漫无边际的思念中溜走，而与时间流逝相反的是我们对父亲的思念与日俱增。随着时间的推移，他走得越来越远，他一生的轮廓，特别是他在府谷生活工作的点点滴滴、坎坎坷坷仍然历历在目。他对工作的挚爱、务实、争先，做人的良善、勤俭、质朴，做事的实事求是、脚踏实地、奋发图强，从来没有因为他的离去而消失。因此，我要把有关他的事迹告诉关心他事业和生平的人，为他坚毅的一生做个注脚。

父亲原名叫张信义，1938年8月21日出生于佳县大佛市乡枣坪村一个农民家庭，祖父是个文化人，父亲出生后，祖父希望自己的儿子一生"仁义守信，和善做人"，便取了"信义"这个名字。

20世纪40年代，枣坪村四面环山，交通闭塞、土壤贫瘠，父亲的小学、初中都是在村里上的，学习和生活条件很艰苦，吃不饱穿不暖，最好的饭菜就是钱钱饭（黄豆在碾子上压扁和小米熬成稀饭），几乎没有调味品，取暖生火全靠柴火，穿的是祖母一针一线缝制的粗布衣服，棉花少得可怜，鞋子破洞是常有的事。

童年的父亲尽管忍饥挨饿，经历着辛酸，可蓝天白云、小河流水、野花羊群、头戴柳圈……伙伴们村前村后嬉戏玩耍，这些为他苦涩的童年增添了几分色彩。父亲天生聪慧、懂事，每天除在学堂进进出出，耕田、播种、锄草、扛粪筐、挑水浇地等农活样样干得利索，尤其是烧火、煮饭、寻猪草、捡苦菜、照看弟妹……也是祖母的好帮手。正是少年所经历的艰难困苦，让父亲在曲折的人生道路上成为一名坚毅的行者。

1982年8月10日，张景慕（二排左五）担任府谷县城关镇党委书记与同事合影

　　"寒门家风好，少年早成才。"贫穷并未限制父亲的梦想，自幼受祖父的熏陶，他一头钻进书海里发奋学习，爱好诗文、书法，学习成绩一直很优异。1954年9月，16岁的父亲考取了榆林师范学校。听说父亲当时从老家到榆师是穿着一双硬邦邦的布鞋，背着重重的旧布袋，双脚疼痛难忍，走了三天三夜才到达。在榆师上学期间主要是以学习文化课为主，参加社会劳动为辅。父亲在学习实践中接触四个关键词"共产党、毛主席、祖国、社会主义"和五爱教育"爱祖国、爱人民、爱劳动、爱科学、爱护公共财物"。一批十七八

岁的爱国青年睡土炕、点油灯，在极差的生活环境中，依然能够齐心钻研学习，他们忍饥挨饿，个个拼命干活，坚持接受爱国主义和英雄主义教育、高唱《社会主义好》，他们充分认识到新中国需要他们，迫切希望早日投身工作为国家尽心尽力。

1955年8月，父亲榆师毕业后响应组织的安排，无条件分配到府谷县海则庙磁窑沟小学任教，后又因工作需要调整到了王家墩学校。他在三尺讲台激情满怀，朝气蓬勃，牢记国家的重托，人民的希望，辛勤为当地人民做好这份事业，尽管当时生活贫穷落后，吃的是些黄米、小米，很难吃到蔬菜，但是这些从未动摇过父亲教书育人的初衷。由于父亲工作表现突出，吃苦耐劳，1959年光荣加入中国共产党。1963年父亲调到府谷县文卫局工作，这时他已成家，母亲和两位姐姐在老家和祖父他们生活在一起，那时交通不便，父亲每年很少回家，把工作放在首位。为了减少挂念亲人，他整天自己主动找事做，经过几年的历练，业绩突出，受到上级部门的表扬和奖励。

1968年父亲进入府谷县革委会政工组生产组工作。政工组设在原县委大院，人员最多，满负荷运转，各项工作千头万绪。那时我还没出生，母亲、姐姐、哥哥仍然在老家和祖父他们生活在一起，当时组织上是不允许带家属的，父亲已在府谷工作12年之久，他已习惯了独自在外，每一个岗位上他都能倾心尽力一门心思地做好。基层是一块磨刀石头，越是艰苦的环境，越能考验、磨炼人的意志，越能培养父亲的吃苦耐劳精神和坚忍不拔的品格。

1970年至1984年父亲一直在基层人民公社和乡镇工作，先后在黄甫公社、赵五家湾公社、城关公社担任过革委会副主任、主任、副书记、书记等职务。他磊落坦然、实事求是、助人为乐、平易近人，深得农民的敬重。父亲一直秉承：我也是农民的儿子，和大家一起生活、劳动，愿意向大家学习，接受大家的监督。乡镇工作十几年的父亲不怕苦、不怕累，不仅学会了春耕、夏锄、秋收、冬藏等农活，而且经常到田间地头、沟沟洼洼问计于民，与憨厚朴实的群众同生产，他深切感受到群众的疾苦，努力从根本上改善村容村貌，曾多次和队里干部一起商定防止水土流失，为农村提高粮食产量出主意、找路子，解决群众生产生活中的实际问题。

1971年3月2日，张景慕（前排左二）在黄甫公社工作时期与同事合影

　　记得父亲在黄甫公社工作时，我们随他居住在离公社几公里的河神庙湾王泽民叔叔家，我们家大人多（共七口人），当时母亲体弱多病，加之天天下地劳动，即使雨天还得下地劳动，没有一样防雨工具，繁重的体力劳动损伤了她的身体（大姐每次提起母亲受的苦，我都会泪流满面）。1972年冬天的一天，母亲突然发高烧40度左右，长时间昏迷，吓得我和弟弟哭个不停。当时父亲在公社上班，大姐、哥哥只好请邻里帮助，可母亲的体温一直降不下来，我们害怕极了，在喇叭上叫父亲回家，父亲因为上级领导到公社检查工作脱不开身，哥哥只好到十几里地的太家沟请二叔（赤脚医生）。十多岁的哥哥在零下30摄氏度左右的天气，穿着母亲刚做的布鞋跑着请来二叔时，双脚打起了好多血泡。在二叔的精心治疗下，母亲才一天天好起来。

1987年10月，张景慕（前排右四）时任府谷县卫生局局长与同事合影

"风雨不动安如山。"父亲在人民公社和乡镇工作期间，始终把群众冷暖放在心上，想方设法为群众排忧解难，为群众操尽了心，出尽了力，一心做个群众的贴心人。

1984年经组织遴选，父亲出任卫生局局长，正值府谷县乡村三级卫生事业落后时期，按照"三基本一提高"的工作思路，医院基础设施建设、设备添置、医护人员配备等方面急需大胆探索，而苦于经费、设备、基本建设投资等方面困难重重。父亲一心扑在工作上，先后铺开县医院、中医院建设工作，大力促进防疫站改造，为乡村卫生院培养医生，经过一番努力使府谷县医疗卫生基础工作得到极大的提高，走在了全市前列。

记得当时，府谷县医院年久破烂，县里向省上申报重新修建，由父亲监管重建工作，他和分管副县长、县医院院长一行三人多次去省城，向时任副省长张斌和相关部门汇报情况，争取批复。经过几番协调，省上很快下达了《关于新建府谷县人民医院的批复》，计划投资100万元，其中省上40万元、地区20万元、县上40万元新建人民医院。1984年9月6日，县医院重建工程处成立并展开工程建设。在筹建的过程中，遇到了很多问题和阻力，经过父亲的多方协调都得以圆满解决。1987年9月，县医院迁建工程全部竣工，经上级有关部门验收合格，评为优质工程。基础工程竣工了，父亲又积极向县上争取60余万元添置了一批比较先进的医疗器械，如500MA的X光机、呼吸机、高级手术床、B超机、心电图机等先进设备，并采用"请进来""派出去"的办法培养了一批优秀技术人才，全县的医疗技术得到了很大的提高，为后来府谷医疗事业的发展奠定了坚实的基础。

1987年至1998年父亲在府谷县政协工作，先后任办公室主任、经济科科长等职务。为民请愿是政协义不容辞的责任，政协委员要及时把社情民意反映给各级党委、政府，替党委、政府分忧，解决好老百姓关心的热点、焦点、难点问题，为此多次组织委员搞好调查研究，助推府谷县经济各方面发展。

1985年，张景慕（左三）在修建府谷县医院合影

1993年，为黄甫山神堂争取引水工程，解决了400多人以及家畜的饮水困难。为墙头、尧峁两个村争取4万元资金栽植葡萄苗4万株，兴办绿色企业。为赵五家湾许家梁村及矿区从多个渠道争取资金，架设了高压电线路。会同县政研室对赵五家湾"办学挖煤栽果树，千户庭院打水窖"的情况进行了实地调查，写出了切实可行的报告，得到有关部门的肯定。1996年10月，遵照市政协的指示精神，组织部分常委和经济技术界委员，会同工商联、工商局、乡镇企业局等单位，对府谷县非公有制经济发展的现状、成功经验、存在问题及解决办法等进行了全面、细致的调查。经过多次座谈，在分析研究的基础上形成《府谷县非公有制经济发展情况的调查报告》，呈报市政协和县委、县政府，供决策参考。

　　1998年父亲退休，可他却闲不下来，经常练练字、看看报，到广场打门球、下象棋、玩扑克牌。2011年母亲去世后，父亲的退休生活开始孤单了，每当看着他一个人打牌下棋的身影，就会有种难以形容的情愫涌上心头，我真希望时间慢一点，慢一点，再慢一点，一直陪着父亲慢慢变老。

　　2017年父亲脑梗开始发作，在家与病魔整整搏斗了一年，最后终于倒下了，再也没有起来……2018年4月26日父亲病逝，享年81岁。父亲17岁离开家乡来到府谷一晃几十年过去了，他一生坚持真理、光明磊落、埋头苦干，骨子里有种不怕艰辛、勇于进取的气魄。父亲是个平凡的人，在艰苦的工作生活环境下，始终能够坚守正直做人，无怨无悔为府谷的发展尽心尽力。他在与病魔抗争中表现出非凡的毅力，感动着身边所有的人。父亲是一盏灯，他宝贵的品格影响着我们的过去、现在和未来！

此文作于2019年5月，图片由作者提供

陈一恭

回忆父亲陈一恭的
教学往事

陈小雪 陈小琳 陈小明 陈小勤

　　父亲陈一恭于1939年9月3日出生在山西省临县碛口镇寨则坪村，从小随爷爷奶奶来到陕西省佳县螅利峪镇生活。在良好的家庭教育的熏陶下，他从小好学多问，与人为善，是出了名的"好孩子"。

响应号召　一生执教　壹

1952年，父亲榆林师范毕业后，积极响应国家号召，不畏偏远贫困，17岁只身去了府谷县，为府谷的教育事业勤奋耕耘任劳任怨地奉献40余年，直到光荣退休。

20世纪50年代，刚刚成立的新中国百废待兴。府谷人民为振兴经济，改变贫穷落后面貌，当地政府以教育为强基固本之策，大量吸引教育人才，充实师资队伍。父亲积极响应号召走进府谷，县教育局安排他在府谷县高石崖公社西山村任小学教师。府谷处于榆林最北端，农村居住分散且贫穷落后，文化教育重视不够，人们为糊口从小就参加生产劳动，上学者寥寥无几。初来乍到的父亲要动员适龄儿童上学是件极难的事情。父亲利用晚上群众收工回来吃饭休息的时间访家问户，找干部，访队长，讲道理，举事例，他苦口婆心地逐步感化群众，使群众认识读书的重要性。功夫不负有心人，父亲的付出终于产生了良好效应，部分群众愿意送子女上学，村干部主动找木工做桌凳，扩建教室。群众支持教育的积极性有了，师资问题又成为父亲亟待解决的难题。为此，父亲写申请、打报告，多次跑县教育局。经过半年时间的努力，在新教室落成的同时，教育局增派的3名教师也到岗，学龄儿童入学率达到90%以上，父亲担任起该校第一任校长。

1958年，父亲与母亲李凤英结婚后，也把母亲带到府谷加入教育队伍，成为清水公社刚成立的古圪垯沟小学的一名老师。由此我们姐弟四人也成了土生土长的古圪垯沟人。

在古圪坨沟我们见证了父母亲办学的艰辛。古圪坨沟生产大队由8个自然村组成，沟前村庄和沟后村庄相距10华里，村民近千人，学龄儿童有五六十人，大多数没上学，少部分在10华里外的清水学校上学。要解决学生入学和就近上学的问题，可不是一件容易的事情。当时，莫说缺乏老师，就连一个可供办学的校址都不好找。古圪坨沟所在的生产队没有房子，在村干部帮助下，借用了群众一处四面透风的3间老旧房，还没有围墙。父亲当时是清水公社的教育专干，每天忙完本职工作后，徒步10华里回到古圪坨沟帮助母亲泥黑板、抹墙壁，收拾教室，平整校园。在父母亲的共同努力下，学校终于开学了，招收一、二年级两个班级，母亲是学校唯一的老师，精心照料着学生在校时的方方面面，生怕出一点差错。当然，父亲更不闲着，为母亲的教学工作全身心投入，为改善教学条件提高教学质量，多次向县教育局打报告，动员说服其他村的干部参与、帮助。辛勤的汗水终于结出硕果，在县教育局资助和指导下，父亲和时任古圪坨沟村党支部书记的李三博楞一起调研规划，选定位于古圪坨沟最中间的阳崖村南面的五亩坪地作为新校址，历时3个月，在1965年底建成有3孔窑洞、10间教室、1500平方米的院子和1000平方米的体育场的新学校。学生从招收一、二年级扩展到招收1～5年级和初一至初三年级，老师也从一名增至十几名，满足了古圪坨沟和周边生产大队学龄儿童上学需求。学校扩建成功倾注了父母亲的心血，学校也多次被评为县先进模范学校。

　　之后，父亲分别在县一完小、赵寨小学、清水学校、木瓜学校、哈镇学校等学校教学、任职。父亲教学方法灵活多样，深受学生欢迎，县教育局任命父亲为当地公社的教育专干，成为一名教育战线的专职管理干部。敢于担当的父亲在新岗位上不辱使命，施展才能，默默奉献，多次受到各级部门的赞誉和嘉奖。在父亲的辛勤耕耘下，在各行各业各个部门都有其学生，可以说桃李遍及府谷全境。

1961年7月5日，陈一恭（二排左二）在清水赵寨小学任教时与学生合影

胸怀慈悲　善待他人　貳

　　"文化大革命"期间，多数老干部受到不同程度的冲击，1969年时任陕西省委领导的习仲恺同志，被下放到府谷县清水公社劳动教育改造。当时父亲是清水公社的教育专干，老干部下放劳动教育改

1986年10月2日，习仲恺（前排中）与陈一恭（前排右一）一家人合影

造是他的管理范围。父亲深知老干部是国家的宝贵财富，为新中国的成立和建设做出了不可磨灭的贡献。父亲在他的职责范围内最大限度地去帮助、保护这位老干部。在习老到达清水公社的当天，父亲安排其食宿。为方便照应特意安排习老去他蹲点下乡的赵寨村，并嘱咐赵寨村生产大队党支部书记要好好照顾他。习老患有胃病，不能吃当地老乡的酸粥，父亲将家中节省下来的白面用纸包好，送给他改善生活，还想方设法弄一些全国粮票，购白面补贴。父亲知道习老爱唱歌，每天晚上劳动回来在生产队开设的夜校上让习老教唱《学习大寨赶大寨》的歌曲。习老在清水生活的几年，身体健康。习老对父亲及生产队的帮助照顾也非常感谢，在其恢复名誉重新工作后曾专程到府谷看望父亲和乡亲们。据父亲讲，有一次父亲去西安看望习老，顺便说起府谷电厂建设的事，习老说陕投领导知道他在府谷生活了多年，对府谷了解甚深，投资电厂征求过习老的意见，习老推荐清水川非常适合建电厂。

知识青年到农村，接受贫下中农再教育，是党中央毛主席的伟大号召，全国上下积极响应。1975年，府谷县政府知识青年上山下乡办公室安排一批来自榆林地区部分中学的初高中毕业生到清水公社落户。父亲作为公社的教育专干，这些来插队落户的知识青年自然属于父亲管理职责内。记得1975年春季的一天，18名从县城来的知识青年，在父亲和大队党支部书记李三博楞组织下，将他们分别安排在古圪垯沟生产大队所属的阳崖、圪堵和边前湾3个条件较好的生产小队。父亲像家长一样，把这些知青的吃、住、行、劳动、学习装在心里，作了精心安排。这批知识青年很快融合进群众之中，和当地的贫下中农打成一片，知识青年曹勇、孙美珍、陈一武、孙培荣等荣获县、公社先进模范光荣称号。1977年恢复高考，父亲协调生产大队为这些青年提供方便，鼓励他们参加高考。当年知青曹勇、陈一武分别考入陕西师范大学和西北工业大学。这些知青在下乡劳动期间一切顺利，在国家招工招干中，父亲为这些知青返城参加工作提供极大方便，使这些知青在各自岗位上发挥着才智，为国家做出了贡献。当年在古圪垯沟村下乡插队的知青陈一武工作后，给古圪垯沟村送去一车面粉，以感谢古圪垯沟父老乡亲对知识青年的关心照顾。

我们在清水公社古圪垯沟学校住了整整28年。其间，父亲是公社的教育专干兼党委委员，古圪垯沟村的事如同他自己的事一样。有的孩子上学家里交不起学费，他设法帮助解决免费。村里有位寡妇是特困户，带着一个男孩，叫崔四蛋。父亲资助孩子入学，一直帮助到18岁参军，成为一名优秀军人，多次受到部队嘉奖。

扎根农村　尽力为公　叁

父亲在清水公社担任教育专干期间，不但要负责清水学区管辖的21所农村中小学管理工作，参与全公社的适龄儿童入学普及、成人扫盲和村文化活动、知识青年上山下乡及其他教育事宜的管理，还要蹲点生产队，帮助生产队脱贫致富。

1971年至1972年，陕北遭受了连续两年的大旱灾，粮食收成微薄。父亲蹲点的小寨村颗粒无收，老百姓依靠国家供应的救灾粮来度荒。生产队的耕牛无法饲养，各生产队队长想不出办法，父亲组织大队负责人召开会议。父亲想到了山西省河曲县曲峪大队是山西省的农业先进大队，可以请求他们救助，大家一致认为这是个好思路。秋末初冬，他俩到山西曲峪大队说明情况，曲峪大队无偿为小寨大队提供玉米秆来解决饲草的大难题。

1973年上半年，老百姓基本靠吃国家供应的救灾粮生活。到了秋天，村里的老百姓每人只能分到百斤粗粮，连同自留地产的粮食，人均也仅有150斤左右，马铃薯人均在五六十斤，吃不饱只能用野菜树皮来充饥，父亲看在眼里，急在心上。经过几次会上讨论，父亲决定改换旧粮种子，同时除了使用农家肥外，还要增施化肥。父亲以大队名义向公社申请调换优良种子，至于化肥问题，靠政府一个生产队每年只能解决三五袋尿素，杯水车薪。会上决定派外交能力强的小寨沟小队长孙宝大去山西省河曲县巡镇化肥厂联系化肥。年底种子和化肥都有了着落，但是购买40吨化肥款从哪里来呢？生产队账内毫无分文，父亲又召集全体党员召开村干部会议，号召发动群众，向亲朋好友有偿借款，每借100元钱，秋天给一斗糜子。父亲带头拿出将近一年的工资300元钱，不到一个星期，化肥款准备

陈一恭（右三）在府谷县对外经济贸易局工作时与同事合影

齐全。那时化肥是紧缺商品，化肥厂是无权出售的，为了避免意外，化肥厂后勤部将化肥用拖拉机送到了黄河畔，父亲又组织船将化肥经黄河渡到对岸，于12月底40吨化肥顺利运回村内。第二年按照种植计划，按时入种，合理施肥，这一年，小寨大队取得了几十年看不到的大丰收。作为府谷县的典型，农业局和各公社领导来村调研参观。秋末，小寨两个生产队，人均粗粮在1000斤，马铃薯人均1000斤左右，结束了几年来吃救灾粮的局面，尽早地完成了国家购粮的任务，还清了农业投资借款，年终还参加了府谷县人民政府召开的先进单位表彰大会，小寨村也成为府谷有名的富裕村。

1984年，父亲由于工作调动回到府谷县城，但还是不忘这个曾经工作过的地方。当时农村用化肥还需审批，父亲知道后想方设法给古圪垯沟村买了一车化肥，还送去几担粪桶。

德育后人　乐善为先　肆

父亲在我们心中，既是一位好父亲，又是一个好师长。抓教育是他的擅长，自然对我们兄妹的教育打小就抓得很紧。在我们小的时候，由于工作原因，父亲一周回家一次，每次回家他都要检查我们的作业本，考我们识字，算算术。父母亲都是师专毕业，当时师专毕业是相当高的学历。小时候，最期盼的就是周日，父亲回来一般都是黄昏了。夏日，我们一家人坐在校园大槐树下吃饭、乘凉，围着听父亲讲外面的事情，似如小羊围在父亲身旁，享受相聚的时光。

在20世纪六七十年代，能拥有一个吃商品粮的城市户口，对农村人来说不仅羡慕，而且是望尘莫及的事。父亲是国家干部，母亲是人民教师，都是吃商品粮的人员，而我们姊妹四人，除大姐在山西老家的农村同爷爷奶奶一起生活外，剩下三个跟随母亲生活在古圪垯沟大队阳崖生产小队，户口则是当地农村户口。在农村，主要以参加劳动挣工分分得口粮。当时我们姐弟三人年龄小又都在上学，没有劳动力，家中以人口分来的粮食根本不够食用。为解决吃饭问题，父母亲只能想办法购买高价粮，填补家用。像我们这种情况，父亲只要给上级相关部门提出申请说明情况，找找领导，是能够解决的。但是，父亲不仅非常要面子，而且不愿伸手给国家和政府增添麻烦。这样，我们姐弟三人的户口问题直到70年代"文革"结束后，在上级领导关怀下，才得以解决。

父亲还是一个出名的孝子。做一个善良的人，一个品德高尚、孝敬父母亲的人，是父亲一生的追求，而且身体力行，给我们晚辈树立了良好形象。

我们老家在位于山西省吕梁市沿黄东岸的碛口镇寨则坪村。20世纪六七十年代，人们的生活十分困难，爷爷、奶奶和尚未成年的二姑、二爹，还有大姐一起返回老家农村，因没有劳动力，分到的口粮难以维持最简单的生活，所以，很大程度上是由父母亲省吃俭用积攒的工资贴补。长辈们在老家生活，我们姐弟三人在府谷生活，两地的生活需求给父母亲造成极大的生活压力。他们恨不得把一分钱化作十分花。我们三姐弟的衣服老二穿了老三穿，老三穿过再老四穿，一直穿到补丁无法再打为止。不仅如此，为了能省出更多的钱接济老家的亲人，父母亲在教学之余，起早贪黑、养猪、养羊，在生产队留给我家的几分土地上种菜种粮，支撑着一家人的生活。就这样，父母亲在不耽误工作的前提下，供养了两地老少十口人的生活，以及保障了二叔、二姑和我们姊妹四人上学需求。父亲退休后，就一直侍奉在祖父母身边，给祖父母做饭、洗脚、洗脸、洗衣服，直至养老送终。

在老家，素有"善为至宝，一生用之不尽；心作良田，百世耕之有余"的家训。父亲无论在任教之时，还是在公社担任教育专干、县外贸局领导期间，时时处处严格要求自己。父亲一生追求一个"善"字，待人处事，强调心存善良、向善之美；与人交往，讲究与人为善、乐善好施；对己要求，主张独善其身、善心常驻。

2015年春，父亲因病医治无效永远离开了我们，离开了他辛勤耕耘一生的府谷。父亲在府谷教育战线工作40余年，为府谷培养了一批又一批的人才，他们在各行各业各尽所能、各尽其才，为府谷社会发展、经济繁荣做出了重大贡献。

此文作于2020年6月，图片由作者提供

后记

为更好地宣传府谷地方历史文化，发挥人民政协文史资料"存史、资政、团结、育人"的作用，府谷县政协精心编撰的《府谷文史》（第三十辑）即将付梓出版。

本书共分为七个栏目，收录了34篇文章。记录了府谷县的建制地理、当地人物、地方抗战、文化教育、风土人情等方面的史料，较为深刻、生动地反映了府谷县近现代的历史面貌。书中所选资料是宝贵的政协"三亲"史料，具有较强的可读性和较高的史料价值。

近年来，文史资料的征集时限和征集范围得到进一步拓展，文史资料也从选辑向专题化发展。文史资料工作重在拾遗补阙，资料选辑仍是我们最重要的阵地和最基础的工作。连年来征集到的选辑资料较多，但受容量限制，不能一一刊登，敬请见谅。今后，府谷县政协文史资料将继续采取选辑和专辑相结合的方式编撰出版，欢迎县内外广大文史工作者、爱好者和社会各界人士踊跃赐稿。

在此，向为本书付出辛勤劳动的作者、编者、审稿专家和中国文史出版社致以诚挚的谢意。由于编者水平有限，加之时间仓促，书中难免有疏漏和不足之处，敬请广大读者批评指正。

《府谷文史》编委会
2020年12月24日